改訂版 教科書にそって学べる

国語教科書プリントの特色と使い方 光村図書版

新教材を追加して全面改訂！ 教科書にそって使えます。

・教科書と同じ配列なので，授業の進度に合わせて使えます。
・目次の 教科書 マークがついている単元は教科書の本文が掲載されていませんので，教科書をよく読んで学習しましょう。

豊かな読解力や確かな言葉の力がつきます。

・文学作品や説明文の問題がたくさん掲載されているので，豊かな読解力がつきます。
・ことばや文法の練習問題をさまざまな形式で出題しているので，確かなことばの力がつきます。
・漢字は，読み・書きの両方が学習出来るので，とても使いやすく力もつきます。

予習・復習やテスト対策にもばっちりです。

・教科書に合わせて，基礎・基本的な問題から，活用力を必要とする問題まで掲載されているので，ご家庭や学校での予習・復習に最適です。また，テストに出やすい問題がたくさん掲載されています。

わかりやすい設問・楽しいイラストで学習意欲も向上します。

・設問は，できる限り難しい言葉を使わないようにしています。また，ところどころに楽しいイラストを入れました。
・A4 サイズのプリントになっているので，文字も読みやすく，解答欄も広々していて書きやすいです。
（A4 → B4 に拡大して使用していただくと，もっと広々使えます。）
・一日一ページ，集中して楽しく学習できるよう工夫されています。

5年　目次

※教科書…このマークのある単元は教科書を読んでやりましょう。

銀河

あの遠い空にひとすじ、
星たちが、
ぶつかり合い、重なり合い、
河《かわ》のように光っている「銀河《が》」。
牛乳《ぎゅうにゅう》をこぼしたようにも見えるから、
㋐「乳《ちち》の道」とも言うそうだ。
㋑どっちもいい名前だなあ。

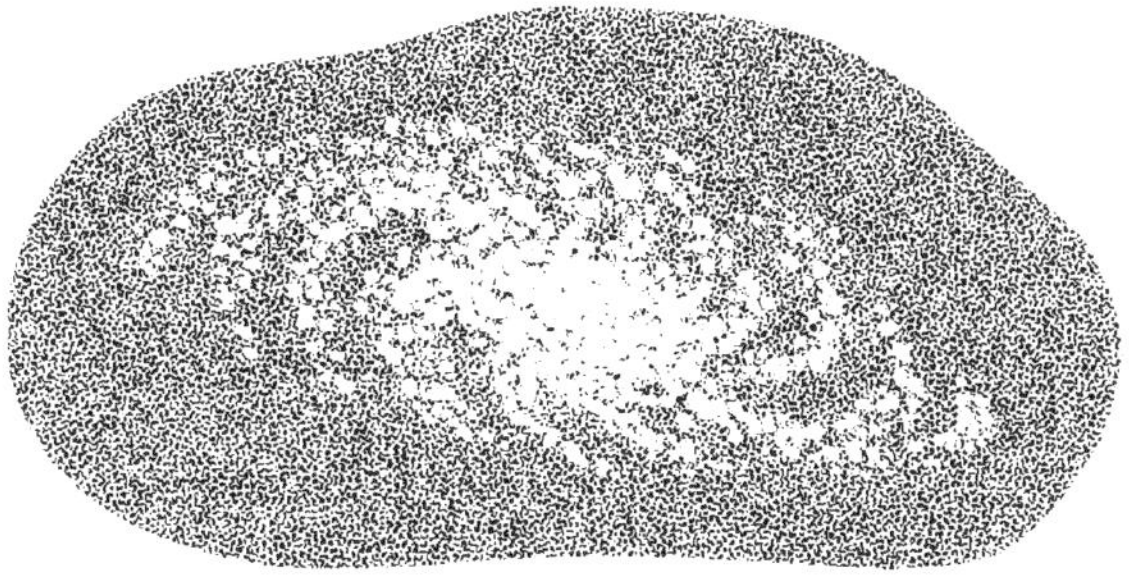

（令和六年度版　光村図書　国語　五　銀河　羽曽部　忠）

名前

1 「銀河」は、どこに見えていますか。（10）

（　　　　）

2 「銀河」は、星たちがどのように光っているものだといっていますか。（15×3）

星たちが、
［　　　　］合い、
［　　　　］合い、
［　　　　］銀河。

3 ㋐「乳の道」とも言うそうだとありますが、「銀河」のことをなぜ「乳の道」とも言うのですか。（15）

（　　　　）

4 ㋑どっちもいい名前だなあとありますが、何と何がよい名前なのですか。文中から抜き出して、二つ書きましょう。（15×2）

（　　　　）（　　　　）

かんがえるのって　おもしろい

かんがえるのって　おもしろい

谷川《たにかわ》　俊太郎《しゅんたろう》

㋐かんがえるのって　おもしろい
㋑どこかとおくへ　いくみたい
しらないけしきが　みえてきて
そらのあおさが　ふかくなる
このおかのうえ　㋒このきょうしつは
みらいにむかって　とんでいる

なかよくするって　ふしぎだね
㋓けんかするのも　いいみたい
しらないきもちが　かくれてて
まえよりもっと　すきになる
このおかのうえ　㋔このがっこうは
みんなのちからで　そだってく

（令和六年度版　光村図書　国語　五　銀河　谷川　俊太郎）

名前

1 ㋐かんがえるのって　おもしろいとありますが、「かんがえる」ことをどのようなことに例えていますか。（15）

（　　）

2 ㋑どこかとおくへ　いくと、どうなるといっていますか。二つ書きましょう。（15×2）

（　　）
（　　）

3 ㋓けんかするのも　いいみたいとありますが、なぜですか。（15）

（　　）

4 ㋒このきょうしつ・㋔このがっこうは、それぞれどうなると書かれていますか。（15×2）

㋒このきょうしつ（　　）

㋔このがっこう（　　）

5 この詩の中で、あなたの心に強くひびいた言葉は何ですか。自由に書きましょう。（10）

（　　）

銀色の裏《うら》地 ①

（これまでのあらすじ）

クラスがえで、（坂本）理緒は、仲よしのあかね、希恵とクラスが分かれた。三人でいても、なんだかもう、二人と一人みたいだった。そんなある日、くじ引きで、理緒は高橋さんととなりの席になった。高橋さんは、理緒が思っていたよりもつんつんしておらず、おもしろい人のようだ。

その日の下校時、理緒は、あかねと希恵が仲よく帰っていくのを見た。これまでだったらすぐに追いかけたはずなのに、理緒は、二人の後ろすがたを見送ることしかできなかった。

「㋐坂本《さかもと》さん、今日、プレーパークに行かない。」

いつからいたのか、ふり向くと、高橋さんが立っている。

「プレーパーク。」

ときき返した理緒に、

「うん。空を見ようと思って。今日は、空を見るのに絶好の天気だから。」

と、高橋さんはほほえんだ。

プレーパークは、児童館のとなりにあるしばふの広場で、遊具もある。けれど、高橋さんは㋑そこで空を見るという。

家への帰り道、理緒はひとりで何度も空を見上げた。プレーパークに向かうときも。

見えるのは、朝と同じくもり空だ。なのに、絶好の天気って、どういうことだろう。㋒不思議に思いながらプレーパークに着くと、高橋さんはもう着いていて、入り口で理緒を待っていた。

「こっちこっち。」

高橋さんは、ずんずんしばふの中に入っていく。理緒がついていくと、高橋さんはためらいもなく横になった。

「坂本さんもやってみて。」

「う、うん。」

わけが分からないまま理緒が横になると、㋓高橋さんがぼそりと何かをつぶやいたのが聞こえた。

「なんて言ったの。」

「銀色の裏地。」

（令和六年度版　光村図書　国語　五　銀河　石井　睦美）

名前

1 「㋐坂本さん、今日、プレーパークに行かない。」とありますが、高橋さんはプレーパークで何をしようと思ったのですか。文中の高橋さんが言った言葉から一文で抜き出しましょう。（15）

（　　　）

2 ㋑そことは、どこを指していますか。（15）

（　　　）

3 ㋒不思議に思いながらという部分について、答えましょう。

(1) このように思ったのは、誰ですか。（10）

（　　　）

(2) 何を不思議に思ったのですか。（15）

（　　　）

4 プレーパークでの高橋さんの言動について、正しいものに○、そうでないものに×をつけましょう。（10×3）

（　）ずんずんしばふの中に入っていく。

（　）「う、うん。」と言う。

（　）ぼそりと何かをつぶやく。

5 ㋓高橋さんがぼそりと何かをつぶやいたとありますが、高橋さんは何とつぶやいたのですか。（15）

（　　　）

銀色の裏《うら》地 ②

今度は聞き取れた。でも、銀色の裏地って、なに。

㋐理緒の疑《ぎ》問に答えるように、高橋さんは空を見上げたまま、こう続けた。

「全ての雲には銀色の裏地がある。これ、外国のことわざなんだけどね。」

「へえ。そうなんだ。」

㋐「うん。くもっていても、雲の上には太陽があるから、雲の裏側は銀色にかがやいている。だから、銀色の裏地をさがそう。そういう歌があるんだって、おじいちゃんが教えてくれた。くもった——じゃなかった、こまったことがあっても、いやなことがあっても、㋑いいことはちゃんとあるんだって。」

最後のほうを早口で、高橋さんは言った。

もしかして、わたしの気持ちに気づいていたの。そう思ったけれど、理緒は㋒そのことはきかずに、だまってくもり空を見上げ続けた。

あの厚い雲の向こうに太陽はある。だから今も、雲の裏側は銀色にかがやいている。そう想像するのは、㋓とてもすてきなことだった。理緒は、急に今朝のお母さんのことを話したくなった。

「今日って、朝からくもってたでしょ。なのに、うちのお母さんってば、『今日もいい天気。』って言ったんだよ。」

「おもしろいお母さんだね。あ、いいお母さんっていう意味だけど。」

「うん。」

と、理緒は返事をした。㋔はずむような声が出ていた。

（令和六年度版　光村図書　国語　五　銀河　石井　睦美）

名前

1 ㋐理緒の疑問とは、どのようなことですか。 ⑳

2 ㋑いいことはちゃんとあるとありますが、高橋さんはこのことをどのように例えていますか。㋐の中から、抜き出しましょう。 ⑳

3 ㋒そのこととは、どんなことですか。 ⑳

4 ㋓とてもすてきなことだったとありますが、どんなことがすてきだったのですか。 ⑳

5 ㋔はずむような声が出ていたとありますが、なぜはずむような声が出たのでしょうか。あなたの考えを書きましょう。 ⑳

図書館を使いこなそう

多くの図書館では、本は、「日本十進分類法」にしたがって分けられ、たなに整理されています。

㋐日本十進分類法

番号	内容
0	調べるための本（百科事典、新聞など）
1	ものの考え方や心についての本
2	昔のことや　ちいきの本
3	社会の仕組みの本
4	自然に関わる本（星・天気・動物・植物など）
5	技術や機械の本（建物・電気・船など）
6	いろいろな仕事の本
7	芸術（絵・音楽など）や　スポーツの本
8	言葉の本（日本語・外国語など）
9	文学の本（物語・詩など）

※日本十進分類法…日本で考えられた図書資料の分類方法。
※分類…内容や種類によって、グループに分けること。

㋑自然に関わる本

自然科学	40	自然科学
	41	算数
	42	物理学
	43	化学
	44	天文・宇宙《うちゅう》科学
	45	地球・気象科学
	46	生物学
	47	植物学
	48	動物学
	49	体と健康

名前

1 次の本は、日本十進分類法では、どのように分けられますか。上の㋐の表から、数字を選んで書きましょう。（5×10）

（　　）北海道の歴史についての本
（　　）こん虫についての本
（　　）子ども新聞
（　　）戦時中の物語
（　　）政治についての本
（　　）バレエについての本
（　　）中国語についての本
（　　）ロボット技術についての本
（　　）心理学についての本
（　　）消防士の仕事についての本

2 「銀河についての本」は、「自然に関わる本」に分類されています。さらにその中で、どのように分けられていますか。㋑の表を見て、番号と分類名を書きましょう。（7×2）

番号	

3 次の文章は、「著作権」について説明したものです。（　）にあてはまる言葉を[　]から選んで書きましょう。（同じ言葉を何度使ってもかまいません。）（6×6）

（　　）を作った人がもつ（　　）のことです。適切に引用し、出典をしめす場合や、個人的にかぎられたはんいで使う場合などをのぞいて、（　　）を使うときには、作った人の（　　）が必要です。許可なしに（　　）で使用したり、変えたりしてはいけません。他の人の（　　）を自分の表現に用いるときには、気をつけましょう。

許可　著作物　権利　無断

（令和六年度版　光村図書　国語　五　銀河「図書館を使いこなそう」による）

漢字の成り立ち ①

名前

1 漢字の成り立ちを考えて、できた漢字を□に書きましょう。（5×10）

・目に見える物の形を、具体的にえがいたもの。

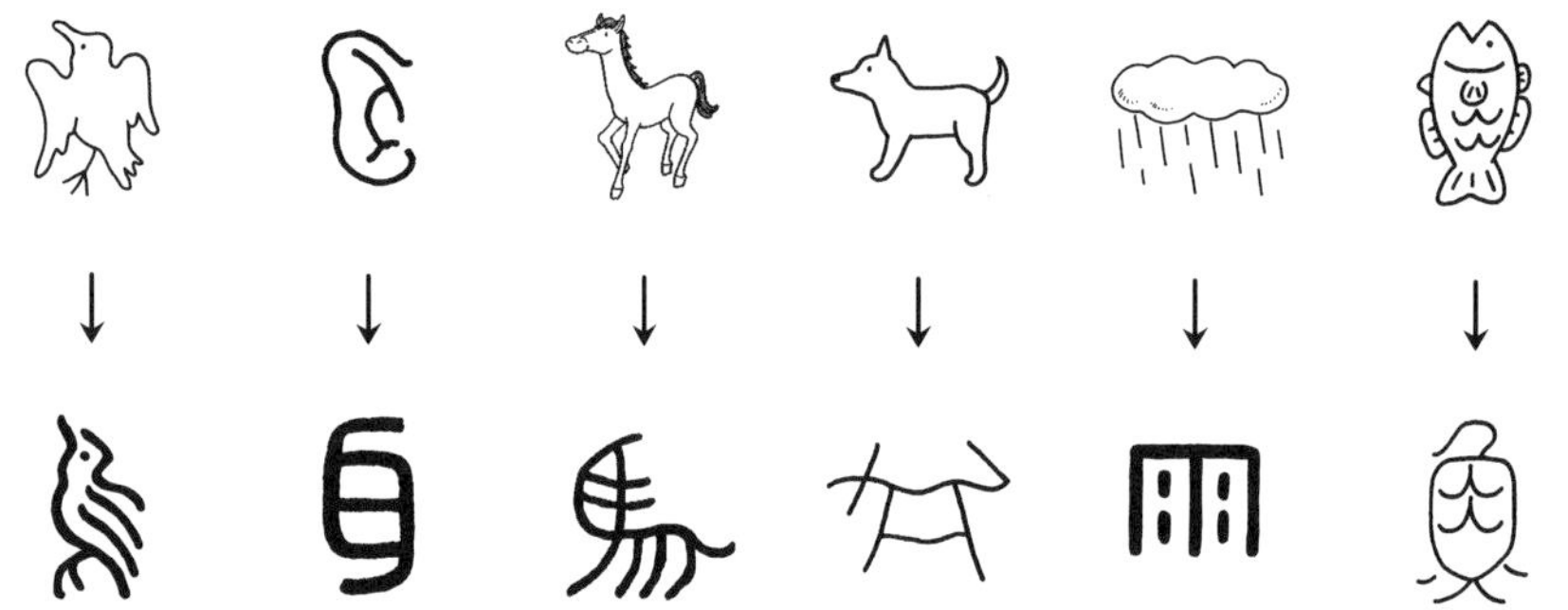

① □
② □
③ □
④ □
⑤ □
⑥ □

・目に見えない事がらを、印や記号を使って表したもの。

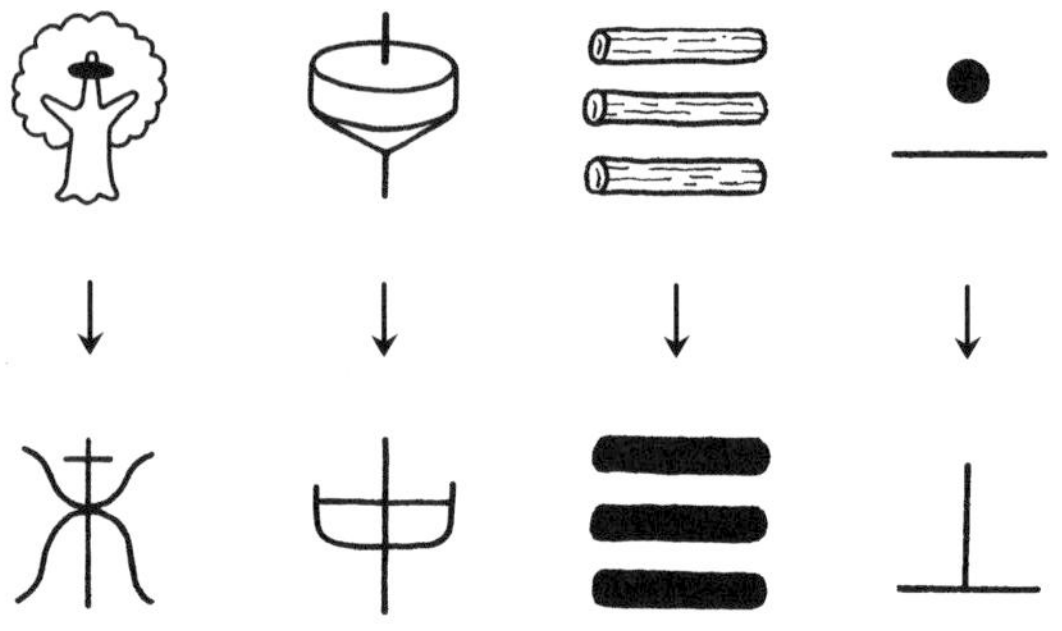

① □
② □
③ □
④ □

・漢字の意味を組み合わせたもの。

〈例〉 日と月 明

① 人と木 □
② 木と木 □
③ 田と力 □

2 次の漢字の、音を表す部分と意味を表す部分をそれぞれ□に書きましょう。（3×10）

① 清 音 □ 意味 □
② 草 音 □ 意味 □
③ 球 音 □ 意味 □
④ 週 音 □ 意味 □
⑤ 持 音 □ 意味 □

漢字の成り立ち ②

1 次の漢字を、漢字の成り立ちによって分けます。㋐〜㋓の記号で答えましょう。（4×8）

板（　　）　末（　　）

信（　　）　車（　　）

本（　　）　馬（　　）

際（　　）　岩（　　）

㋐ 目に見える物の形を、具体的にえがいたもの。

㋑ 目に見えない事がらを、印や記号を使って表したもの。

㋒ 漢字の意味を組み合わせたもの。

㋓ 音を表す部分と意味を表す部分を組み合わせたもの。

2 同じ成り立ちの漢字を□から選んで書きましょう。（3×8）

① 象形文字　〈例〉月　□　□

② 指事文字　〈例〉下　□　□

③ 会意文字　〈例〉鳴　□　□

④ 形声文字　〈例〉飯　□　□

立　銅　国　山
紙　火　中　思

3 ①、②はそれぞれ「本」「絵」という漢字についての説明です。文章の（　）に入る言葉を後ろの□から選んで書き入れましょう。（4×6）

① 「本」は（　　）の下のほうに（　　）のしるしをつけて、木の太い根もとを表した（　　）文字。

② 「絵」は（　　）と（　　）を組み合わせてできた（　　）文字。いろいろな色の糸を合わせて、ししゅうをすることから、「え」のことを表す。

会　指事　木
形声　一　糸

4 「本」「絵」を使った熟語をそれぞれ二つずつ書きましょう。（5×4）

① 本（　　）（　　）

② 絵（　　）（　　）

名前

季節の言葉Ⅰ　春の空

名前

1　「枕草子《まくらのそうし》」（清少納言《せいしょうなごん》）の説明および一節を読んで、答えましょう。

「枕草子」は、作者の清少納言が心に感じたことを、自由に書き記した作品㋐です。清少納言は、この作品の初めに㋑、四つの季節それぞれについて、自分の思いをつづっています。

〈原文〉

春はあけぼの㋒。やうやう㋓（ようよう）白くなりゆく山ぎは（わ）、すこしあかりて、紫《むらさき》だちたる雲のほそくたなびきたる。

〈現代語訳〉春は明け方がよい。だんだん白くなっていく山に近いところの空が、少し明るくなって、紫がかった雲が細くたなびいているのがよい。

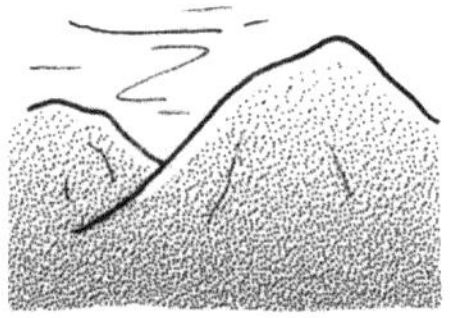

(1) 次の読みがなを書きましょう。（5×2）

① 枕草子　（　　）

② 清少納言　（　　）

(2) 「枕草子」とは、どんな作品㋐ですか。（15）

（　　）

(3) この作品の初めには㋑、何が書かれていますか。（15）

（　　）

(4) 〈現代語訳〉から、次の言葉にあたる部分を抜き出しましょう。（5×2）

㋒ あけぼの　（　　）

㋓ やうやう　（　　）

(5) 清少納言は、春はいつの頃がよいといっていますか。〈原文〉から四文字で抜き出しましょう。（10）

（　　）

2　次の言葉の意味をしめした文が完成するように、（　）にあてはまる言葉を□から選んで、○をつけましょう。（10×4）

① 春風

春にふく、（　）、おだやかな風のこと。

| つめたく | あたたかく | すずしく |

② 花冷え

（　）のさくころ、急にきびしい寒さがもどり、冷えこむこと。

| ひまわり | コスモス | 桜 |

③ 春昼《しゅんちゅう》

のどかでのんびりとした、春の（　）。

| 午前中 | 昼間 | 夕方 |

④ 別れ霜《じも》

春の（　）ごろ、最後におりる霜。

| 終わり | 初め | 中 |

（令和六年度版　光村図書　国語　五　銀河　「季節の言葉Ⅰ　春の空」による）

きいて、きいて、きいてみよう

名前

1 「きき手」「話し手」「記録者」の役割に分かれて、インタビューをし合います。①～③の役割の人は、それぞれ何をする人ですか。――線で結びましょう。(5×3)

① きき手 ・　　・ やり取りを記録し、報告する。

② 話し手 ・　　・ 質問をしながら、話を聞く。

③ 記録者 ・　　・ 質問を受けて、話をする。

(令和六年度版　光村図書　国語　五　銀河　「きいて、きいて、きいてみよう」による)

2 「きき手」「話し手」「記録者」の役割の人は、それぞれどんなことに気をつけるとよいですか。(　)に合う言葉を□から選んで書きましょう。(8×5)

① きき手

・(　　)ことをはっきりさせる。

・話の流れによって、質問の(　　)を変えてもよい。

② 話し手

・(　　)が何を知りたいのか考え、その答えを最初に伝える。

③ 記録者

・やり取りを(　　)に聞いて、(　　)をメモに取る。

きき手　ききたい　要点　正確　順番

3 次の、インタビューの記録者による報告の文章を読んで、問題に答えましょう。

㋐ 「山下さんと野球」について発表します。山下さんは、一年生になってすぐに野球を始めました。

㋑ 山下さんには、野球がもっとうまくなりたいという思いがあります。そのきっかけは、プロ野球の選手に声をかけてもらったことだそうです。いつかその選手といっしょにプレーができるように、今は、練習がどんなに大変でも、がんばっているそうです。

㋒ インタビュー中の山下さんの表情は、いつも教室でみんなを楽しませてくれるときとはちがっていました。野球の練習に一生けんめい取り組んでいることが、とてもよく伝わってきました。

(令和六年度版　光村図書　国語　五　銀河　「きいて、きいて、きいてみよう」による)

(1) 右の文章の㋐～㋒は、それぞれに何について書かれていますか。□から選んで書きましょう。(10×3)

㋐(　　)

㋑(　　)

㋒(　　)

感想　話題の中心となった所　話し手のしょうかい

(2) ㋒の部分から、記録者は聞いたことの他に、何に注目していたことが分かりますか。文中から抜き出しましょう。(15)

(　　)

見立てる

①わたしたちは、知らず知らずのうちに、「見立てる」㋐という行為《い》をしている。ここでいう「見立てる」とは、あるものを別のものとして見るということである。たがいに関係のない二つを結び付けるとき、そこには想像力が働いている。

②あや取りを例に考えてみよう。あや取りでは、一本のひもを輪にして結び、手や指にかける。それを、一人で、時には二、三人で、取ったりからめたりして形を作る。そして、ひもが作り出した形に名前がつけられる。これが、見立てるということだ。あや取りで作った形と、その名前でよばれている実在するものとが結び付けられたのである㋑。

③この場合、同じ形に対してつけられる名前が、地域《いき》によってちがうことがある㋒。その土地の自然や人々の生活のしかたなどによって、結び付けられるものがことなるからだ。

④日本でよく知られている写真Aの形は、地域ごとにちがう名前をもっている。「あみ」「田んぼ」「ざる」「たたみ」「かきね」「しょうじ」「油あげ」など、日本各地で名前を集めると、約三十種類にもなる。それぞれの土地の生活と、より関わりの深いものに見立てられた結果といえる。

⑤あや取りは、世界各地で行われている。写真Bは、アラスカの西部で「かもめ」とよばれている形である。しかし、カナダでは、同じ形に対し、真ん中にあるトンネルのような部分が家の出入り口に見立てられ、「ログハウス」（丸太を組んで造った家）などという名前がつけられている。

⑥見立てるという行為は、［㋓］にささえられている。そして、想像力は、わたしたちを育んでくれた［㋔］や［㋕］と深く関わっているのだ。

A

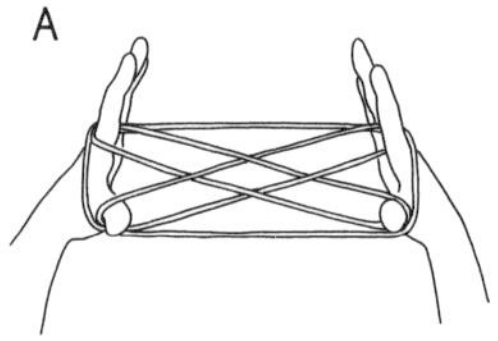

B

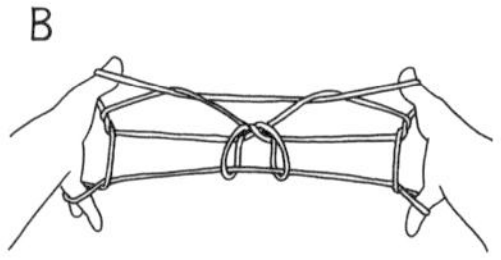

（令和六年度版　光村図書　国語　五　銀河　野口　廣）

名前

1 「見立てる」㋐とは、どう見るということですか。(10)

（　　　　）

2 結び付けられたのである㋑とありますが、何と何が結び付けられたのですか。(10×2)

（　　　　）と（　　　　）が結び付けられた。

3 地域によってちがうことがある㋒とありますが、それはなぜですか。(15)

（　　　　）

4 上の文章で、④段落は、どんな役割の段落ですか。正しい方に○をつけましょう。(10)

（　）事例を挙げて、③段落を説明している段落。

（　）考えをまとめている段落。

5 上の文章の㋓～㋕にあてはまる言葉を［　］から選んで書きましょう。(5×3)

㋓（　　　　）

㋔（　　　　）

㋕（　　　　）

［自然　生活　想像力］

6 上の文章を「初め」「中」「終わり」の三つに分けます。それぞれにあたる段落番号を書きましょう。(10×3)

初め（　　　　）

中（　　　　）

終わり（　　　　）

言葉の意味が分かること①

名前

あなたが、小さな子どもに「コップ」の意味を教えるとしたら、どうしますか。言葉でくわしく説明しても、子どもはその説明に出てくる言葉を知らないかもしれません。「実物を見せればいい。」と思う人もいるでしょう。［㋐］、コップには、色や形、大きさなど、さまざまなものがあります。持ち手の付いた小さい赤いコップと、持ち手のない大きなガラスのコップ、どちらをコップとして見せればよいでしょうか。また、㋒コップのような形をしていても、花びんとして作られたものがあるかもしれません。スープを入れる皿にも、コップに似たものがありそうです。そう考えると、使い方も理解してもらわなければなりません。

㋓ここから分かるように、「コップ」という一つの言葉が指すものの中にも、色や形、大きさ、使い方など、さまざまな特徴をもったものがふくまれます。［㋑］、「コップ」の意味には広がりがあるのです。また、その広がりは、「皿」「わん」「湯のみ」「グラス」「カップ」といった他の食器や、「花びん」のような他の似たものを指す言葉との㋔関係で決まってくるのです。

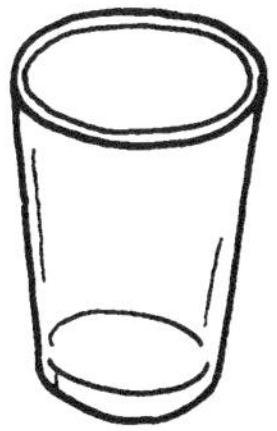

（令和六年度版　光村図書　国語　五　銀河　今井　むつみ）

1 ㋐・㋑にあてはまる言葉を［　］から選んで書きましょう。（10×2）

㋐（　　　　）

㋑（　　　　）

［ つまり　また　しかし ］

2 ㋒コップのような形をしていても、コップとして作られていないものの例を、二つ文中から抜き出しましょう。（15×2）

（　　　　）

（　　　　）

3 ㋓ここから何が分かりますか。（10）

（　　　　）

4 「コップ」という言葉の意味の広がりは、どんな言葉との㋔関係で決まってくるのですか。次に合うように、文中から抜き出しましょう。（5×2）

他の［　　］や

他の［　　　　　　　　］

との関係

5 4について、具体的にどんな言葉が挙げられていますか。文中から抜き出しましょう。（5×6）

（　　）（　　）（　　）

（　　）（　　）（　　）

言葉の意味が分かること②

名前

わたしたちが新しく言葉を覚えるときには、物や様子、動作と、言葉とを、一対一で結び付けてしまいがちです。㋐これは、言葉の意味を「点」として考えているといえます。しかし、言葉の意味には広がりがあり、言葉を適切に使うためには、そのはんいを理解する必要があります。つまり、母語でも外国語でも、㋑言葉を学んでいくときには、言葉の意味を「面」として理解することが大切になるのです。

さらに、㋒言葉の意味を「面」として考えることは、ふだん使っている言葉や、ものの見方を見直すことにもつながります。あなたは、これまでに、「かむ」と「ふむ」が似た意味の言葉だと思ったことはありましたか。どうしてスープは「食べる」ではなく、「飲む」というのか、考えたことがありましたか。㋓これらの例は、知らず知らずのうちに使い分けている言葉を見直すきっかけとなります。そして、わたしたちが自然だと思っているものの見方が、決してあたりまえではないことにも気づかせてくれます。みなさんは、これからも、さまざまな場面で言葉を学んでいきます。また、英語やその他の外国語も学んでいくでしょう。そんなとき、「言葉の意味は㋔である」ということについて、考えてみてほしいのです。

（令和六年度版　光村図書　国語　五　銀河　今井　むつみ）

1 ㋐これとは、何のことですか。（15）

新しく言葉を覚えるときに

（　　　　　　　　）

2 ㋑言葉を学んでいくとき、どのように理解することが大切になりますか。それぞれ当てはまる言葉を、漢字一文字で□に書きましょう。（15×2）

言葉の意味を「□」ではなく、「□」として理解すること。

3 ㋒言葉の意味を「面」として考えることは、何につながりますか。（15）

（　　　　　　　　）

4 ㋓これらの例とは、どんなことですか。二つ書きましょう。（15×2）

（　　　　　　　　）と思ったこと

（　　　　　　　　）と考えたこと

5 ㋔にあてはまる漢字一文字を、文中から抜き出して書きましょう。（10）

（　　　　　　　　）

敬《けい》語 ①

名前

1 次の文章は、「ていねい語」「尊敬語」「けんじょう語」の三種類の敬語について説明したものです。（　）に合う言葉を[　]から選んで書きましょう。（6×6）

① ていねい語は、物事をていねいに言うことで、（　　）に対する敬意を表す。
「（　　）」、「（　　）」、「ございます」などの言葉を使う。

② 尊《そん》敬語は、相手や話題になっている人を（　　）ことで、敬意を表す。

③ けんじょう語は、自分や（　　）の動作を（　　）することで、動作を受ける人への敬意を表す。

高める	です	けんそん
相手	身内	ます

2 文中の――線の言葉を、ていねいな言い方（ていねい語）に書きかえましょう。（6×4）

① わたしは、春がすきだ。（　　）

② お父さんが魚をつった。（　　）

③ 「いっしょに歌おう。」（　　）

④ 「ありがとう。」（　　）

3 文中の――線の言葉を、【　】の言い方の尊敬語を使って書きかえましょう。（5×4）

① 校長先生が話す。【お――になる】（　　）

② おばさんがお茶を飲む。【お――になる】（　　）

③ 先ぱいが答辞を読む。【――れる】（　　）

④ 卒業おめでとうございます。【「ご」を付けた言い方】（　　）

4 文中の――線の言葉を、「お（ご）――する」（けんじょう語）を使って書きかえましょう。（5×4）

① 市長に書類をわたす。（　　）

② お客様のカバンを持つ。（　　）

③ おじさんを駅まで見送る。（　　）

④ 先生に解き方をたずねる。（　　）

敬《けい》語②

名前

1 文中の――線の言葉を［　］の中の特別な言葉（敬語）を使って、書きかえましょう。（7×8）

① 教頭先生はいますか。
（　　　　）

② おばさんがプレゼントをくれた。
（　　　　）

③ ぼくは、先生の家へ行く。
（　　　　）

④ わたしは、おみやげのおかしを食べる。
（　　　　）

⑤ 先生が家に来る。
（　　　　）

⑥ お客様がケーキを食べる。
（　　　　）

⑦ 市長にお礼を言う。
（　　　　）

⑧ ピアノの先生に花束をあげる。
（　　　　）

［めし上がる　うかがう
いらっしゃいますか　いただく
申し上げる　くださった
差し上げる　おこしになる］

2 次の特別な言葉を使った言い方の尊敬語、けんじょう語について、それぞれ意味の合うものを線で結びましょう。（8×2）

①
いらっしゃる　・　　・見る
おっしゃる　・　　・いる・来る・行く
くださる　・　　・言う
ごらんになる　・　　・くれる

②
うかがう　・　　・あげる
いただく　・　　・言う
申し上げる　・　　・行く・たずねる・聞く
差し上げる　・　　・食べる・もらう

3 文中の――線の言葉を、【　】の種類の敬語に書き直しましょう。（7×4）

① 社長が家に帰る。【尊敬語】
（　　　　）

② 校長先生の話を聞く。【けんじょう語】
（　　　　）

③ ここにプリンが二つある。【ていねい語】
（　　　　）

④ 先生の言う通りです。【尊敬語】
（　　　　）

日常を十七音で

1 次の文章は、俳句とは何かについて説明したものです。（　）にあてはまる言葉を□から選んで書きましょう。（同じ言葉を何度使ってもかまいません。）（5×9）

・俳句は、生活の中での発見やおどろき、（　　）が動いたことについて、（　　）・（　　）・（　　）の（　　）音で感動を伝えるものである。

・俳句では、（　　）という、季節を表す言葉を使って、季節感を表現する。

・俳句では、「きれいだな」「たのしいな」のような、気持ちを（　　）表す言葉をなるべく使わずに表現する。

・俳句では、小さな「っ」やのばす音、「ん」も、（　　）音と数える。また、小さな「ゃ・ゅ・ょ」は、（　　）の字と合わせて一音と数える。

直接　季語　心　前
七　一　五　十七

2 次の言葉は、春夏秋冬のどの季節を表しますか。（　）に春夏秋冬のいずれかを書きましょう。（2×10）

①（　　）雪
②（　　）桜
③（　　）どんぐり
④（　　）金魚
⑤（　　）入学
⑥（　　）ひまわり
⑦（　　）お年玉
⑧（　　）こおろぎ
⑨（　　）夕立
⑩（　　）うぐいす

名前

3 次の俳句には、どのような工夫がされていますか。㋐〜㋒から選んで、（　）に記号を書きましょう。（5×3）

①（　　）すずらんのりりりりりりと風に在《あ》り　（日野《ひの》　草城《そうじょう》）

②（　　）を《お》りとりてはらりとおもきすすきかな　（飯田《いいだ》　蛇笏《だこつ》）

③（　　）行《ゆ》く秋やつくづくおしと鳴くせみか　（小林《こばやし》　一茶《いっさ》）

㋐ 言葉の順序を工夫している。
㋑ 平仮名だけで表現している。
㋒ 特徴的な様子を表す言葉を使っている。

（令和六年度版　光村図書　国語　五　銀河「日常を十七音で」による）

4 次の㋐、㋑の俳句で、作者がそれぞれ特に注目しているものは、何ですか。□にあてはまる言葉を俳句から抜き出しましょう。（10×2）

㋐ 行く秋やつくづくおしと鳴くせみか
㋑ 行く秋やつくづくおしと蟬の鳴く
小林　一茶

（令和六年度版　光村図書　国語　五　銀河「日常を十七音で」による）

㋐ □□□□

㋑ □□□□声

古典の世界（一）①

名前

竹取物語

〈原文〉

今は昔、竹取の翁《おきな》といふ《(う)》ものありけり。野山にまじりて竹を取りつつ、㋐よろづ《(ず)》のことに使ひ《(い)》けり。名をば、さぬきのみやつことなむ《(ん)》いひ《(い)》ける。

その竹の中に、もと光る竹なむ《(ん)》一筋《ひとすじ》ありける。㋑あやしがりて、寄《よ》りて見るに、筒《つつ》の中光りたり。それを見れば、三寸《ずん》ばかりなる人、㋒いとうつくしう《(しゅう)》てゐ《(い)》たり。

〈現代語訳〉

昔、竹取の翁とよばれる人がいた。翁は、㋓野山に分け入って竹を取っては、いろいろな物を作るのに使っていた。名前を「さぬきのみやつこ」といった。

ある日のこと、その竹林の中に、㋔根元の光る竹が一本あった。不思議に思って、近寄って見ると、筒の中が光っている。それを見ると、㋕手にのるくらいの小さな人が、とてもかわいらしい様子ですわっていた。

（令和六年度版　光村図書　国語　五　銀河「古典の世界（一）」による）

1 次の文章は、「竹取物語」について説明したものです。（　）にあてはまる言葉を□から選んで書きましょう。（10×3）

「竹取物語」は、今から（　　）以上前に書かれた物語で、今は、「（　　）」の名でも知られている。現実には起こらないような（　　）出来事が書かれている。

かぐやひめ	一万年	怖い
千年	不思議な	しらゆきひめ

2 〈現代語訳〉から、次の言葉にあたる部分を抜き出しましょう。（10×3）

㋐ よろづのことに使ひけり（　　）

㋑ あやしがりて（　　）

㋒ いとうつくしうゐたり（　　）

3 〈原文〉から、次の言葉にあたる部分を抜き出しましょう。（10×3）

㋓ 野山に分け入って（　　）

㋔ 根元の光る竹（　　）

㋕ 手にのるくらいの小さな人（　　）

4 翁が光っている竹筒の中で見た人は、どんな様子でしたか。〈原文〉から抜き出しましょう。（10）

（　　）

古典の世界（一）②

名前

平家《へいけ》物語

〈原文〉

㋐祇園精舎《ぎおんしょうじゃ》の鐘《かね》の声、
諸行無常《しょぎょうむじょう》の響《ひび》きあり。
㋑沙羅双樹《しゃらそうじゅ》の花の色、
盛者必衰《じょうしゃひっすい》の理《ことわり》をあらはす。
㋒おごれる人も㋓久《ひさ》しからず、
ただ春の夜《よ》の夢《ゆめ》のごとし。
㋔たけき者もつひ《い》には滅《ほろ》びぬ、
㋕ひとへ《え》に風の前の塵《ちり》に同じ。

〈現代語訳〉　祇園精舎の鐘の音は、「㋖全ての物事はうつり変わる」ということを人に思い起こさせる響きがある。沙羅双樹の花のすがたは、㋗勢いのさかんな者もいつかはおとろえるという道理をしめしている。おごり高ぶる人も長くは続かず、ただ春の夜の夢のようにはかない。強い者も最後には滅びる。まさに風にふき飛ぶ塵と同じである。

（令和六年度版　光村図書　国語　五　銀河「古典の世界（一）」による）

1 次の文章は、「平家物語」について説明したものです。（　）にあてはまる言葉を［　］から選んで書きましょう。（5×4）

「平家物語」は、（　　　）とよばれる武士の（　　　）が、栄え、そして、（　　　）ゆくさまを書いた作品である。（　　　）時代と、人々のすがたが書かれている。

滅んで	平家	一族	源家
変わらない	うつり変わる		

2 ㋐・㋑について、〈原文〉を見て答えましょう。（10×2）

① ㋐祇園精舎の鐘の声は、どんな響きがありますか。

（　　　）の響き

② ㋑沙羅双樹の花の色は、どんな道理をしめしていますか。

（　　　）の理

3 〈現代語訳〉から、次の言葉にあたる部分を抜き出しましょう。（10×4）

㋒ おごれる人（　　　）

㋓ 久しからず（　　　）

㋔ たけき者（　　　）

㋕ ひとへに（　　　）

4 〈原文〉から、次の言葉にあたる部分を抜き出しましょう。（10×2）

㋖ 全ての物事はうつり変わる（　　　）

㋗ 勢いのさかんな者もいつかはおとろえるという道理（　　　）

古典の世界（一）③

名前

1 「方丈記《ほうじょう》」について、次の問いに答えましょう。

方丈記　　鴨長明《かものちょうめい》

〈原文〉

ゆく河の流れは絶えずして、しかも㋐もとの水にあらず。よどみに浮《う》かぶうたかたは、㋑かつ消え、かつ結びて、久しくとどまりたるためしなし。㋒世の中にある人とすみかと、またかくのごとし。

〈現代語訳〉

㋓川の流れは絶えることがなく、しかも同じ水が流れているのではない。よどんだ所に浮かぶあわは、こちらで消えては、あちらで生まれ、㋔同じあわがずっとそのままということはない。この世の中の人間も住居《きょ》も、これと同じだ。

（令和六年度版　光村図書　国語　五　銀河「古典の世界（一）」による）

(1) 〈現代語訳〉から、次の言葉にあたる部分を抜き出しましょう。（10×3）

㋐ もとの水にあらず（　　　）

㋑ かつ消え、かつ結びて（　　　）

㋒ 世の中にある人とすみか（　　　）

(2) 〈原文〉から、次の言葉にあたる部分を抜き出しましょう。（10×2）

㋓ 川の流れは絶えることがなく（　　　）

㋔ 同じあわがずっとそのままということはない（　　　）

2 「徒然草《つれづれぐさ》」について、次の問いに答えましょう。

徒然草　　兼好法師《けんこうほうし》

〈原文〉

㋐つれづれなるままに、日暮《ぐ》らし、硯《すずり》に向かひ《（い）》て、心にうつりゆく㋑よしなし事を、そこはかとなく書きつくれば、㋒あやしう《（しゅう）》こそものぐるほ《（お）》しけれ。

〈現代語訳〉

することがなく、たいくつであるのにまかせて、㋓一日中、硯に向かいながら、心に次々と浮かんでは消えていく、とりとめもないことを、㋔何という当てもなく書きつけていると、みょうに心がみだれて、落ち着いていられない。

（令和六年度版　光村図書　国語　五　銀河「古典の世界（一）」による）

(1) 〈現代語訳〉から、次の言葉にあたる部分を抜き出しましょう。（10×3）

㋐ つれづれなるままに（　　　）

㋑ よしなし事（　　　）

㋒ あやしうこそものぐるほしけれ（　　　）

(2) 〈原文〉から、次の言葉にあたる部分を抜き出しましょう。（10×2）

㋓ 一日中（　　　）

㋔ 何という当てもなく（　　　）

同じ読み方の漢字 ①

名前

1 次の文に合う漢字を選んで、○をつけましょう。（5×8）

① 新しいビルが （　）立つ （　）建つ 。

② 王様が国を （　）修める （　）治める 。

③ はさみで紙を （　）切る （　）着る 。

④ 夜中に目が （　）冷める （　）覚める 。

⑤ 山田さんと気が （　）合う （　）会う 。

⑥ 住居を東京に （　）写す （　）移す 。

⑦ 長い夜が （　）空ける （　）明ける （　）開ける 。

⑧ 新しいカバンに （　）変える （　）代える （　）帰る 。

2 次の文の□にあてはまるように、同じ読み方のことなる漢字をそれぞれ書きましょう。（5×12）

①
ペットを□《か》う。
新しい服を□《か》う。

②
自分の考えを言葉で□《あらわ》す。
犯人が正体を□《あらわ》す。

③
兄は、朝起きるのが□《はや》い。
弟は、走るのが□《はや》い。

④
□《あつ》いコーヒーを飲む。
今年の夏は、とても□《あつ》い。
父は、□《あつ》い本を読む。

⑤
ろう下の長さを□《はか》る。
マラソンのタイムを□《はか》る。
弟の体重を□《はか》る。

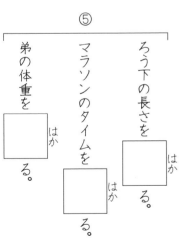

同じ読み方の漢字 ②

1 次の文に合う熟語を選んで、○をつけましょう。(5×8)

① オリンピックの［（　）協議　（　）競技］を決める。

② 新しい映画が［（　）公開　（　）航海］される。

③ 委員長の意見に［（　）参政　（　）賛成］する。

④ ［（　）最新　（　）細心］の注意をはらう。

⑤ 二人は、［（　）対象　（　）対照］的な性格だ。

⑥ 長いテストから［（　）解放　（　）開放］される。

⑦ この問題は［（　）用意　（　）容易］である。

⑧ 勝負の［（　）名案　（　）明暗］が分かれる。

2 次の文の□にあてはまるように、同じ読み方のことなる熟語をそれぞれ書きましょう。(5×12)

名前

① □□《こうえん》で散歩をする。
オペラの□□《こうえん》を見る。

② 一□□《しゅうかん》、旅行へ行く。
勉強する□□《しゅうかん》を身に着ける。

③ □□《こうじょう》見学へ行く。
□□《こうじょう》心を持って、取り組む。

④ □□《じしん》の失敗を反省する。
自分に□□《じしん》を持つ。

⑤ □□《ぼうふう》がふきあれる。
□□《ぼうふう》林を設置する。

⑥ 山本さんは、□□《いがい》と力持ちだ。
算数□□《いがい》は、得意だ。

季節の言葉２　夏の夜

名前

１　「枕草子《まくらのそうし》」（清少納言《せいしょうなごん》）の一節を読んで、答えましょう。

〈原文〉

夏は夜。㋐月のころはさらなり、闇《やみ》もなほ（お）、蛍《ほたる》の多く飛びちがひ（い）たる。また、ただ一つ二つなど、㋑ほのかにうち光りて行くもを（お）かし。雨など降《ふ》るもを（お）かし。

〈現代語訳〉夏は夜がよい。月のころは言うまでもないが、㋒月のない闇夜でもやはり、蛍がたくさん飛びかっているのはよい。ただ一ぴき二ひきと、かすかに光りながら飛んでいくのも、㋓しみじみとしてよい。雨などが降るのもよいものである。

(1)　〈現代語訳〉から、次の言葉にあたる部分を抜き出しましょう。（10×2）

㋐　月のころはさらなり

（　　　　）

㋑　ほのかにうち光りて

（　　　　）

(2)　〈原文〉から、次の言葉にあたる部分を抜き出しましょう。（10×2）

㋒　月のない闇夜でもやはり

（　　　　）

㋓　しみじみとしてよい

（　　　　）

(3)　清少納言は、夏はいつの頃がよいといっていますか。〈原文〉から一文字で抜き出しましょう。（5）

（　　）

(4)　夏の夜におもむきがあるものを、〈現代語訳〉から三つ抜き出しましょう。（5×3）

（　　　　）（　　　　）（　　　　）

２　次の言葉の意味をしめした文が完成するように、（　）にあてはまる言葉を□から選んで、○をつけましょう。（10×4）

①　炎天《えんてん》

（　　）と焼けつくような真夏の空のこと。

あかあか　ぎらぎら　きらきら

②　涼風《すずかぜ》

夏の終わりごろにふく、（　　）風のこと。「りょうふう」ともいう。

強い　あたたかい　すずしい

③　日盛《ざか》り

太陽が照りつける、夏の（　　）の暑いさかり。

午後　午前　夕方

④　夕涼《すず》

夕方の（　　）時間帯。夕すずみ。

暑い　すずしい　あたたかい

（令和六年度版　光村図書　国語　五　銀河「季節の言葉２　夏の夜」による）

作家で広げるわたしたちの読書

名前

● 作家（本を書いた人）に着目して読んだ本を、友達としょうかいし合います。次のしょうかいカードの文章を読んで、問題に答えましょう。

しょうかいカード

ミヒャエル＝エンデの本

思わず夢中になる、不思議な物語。

「モモ」表紙

「魔法の学校」表紙

㋐「モモ」

モモという女の子が、時間どろぼうにぬすまれた時間を取りもどしに行く物語です。とてもわくわくするファンタジーですが、時間の使い方や生き方についても考えさせられる本です。

㋑「魔法の学校」

短くて、楽しいお話がたくさん入った短編集です。わたしが特におすすめするのは、「テディベアとどうぶつたち」というお話です。ぬいぐるみのテディに共感して、笑ったり、考えたりしてしまいます。

（令和六年度版　光村図書　国語　五　銀河　「作家で広げるわたしたちの読書」による）

1 何というしょうかいしているカードですか。(15)

（　　　　）

2 右のカードには、しょうかいしている作家の本のみりょくを、分かりやすく伝えるキャッチコピーが書いてあります。カードの中から抜き出しましょう。(15)

（　　　　）

3 次の文は、右のしょうかいカードの㋐・㋑どちらを説明したものですか。それぞれ記号を書きましょう。(8×2)

（　　）短編集である。

（　　）モモという女の子が出てくる物語である。

4 右のしょうかいカードを書いた人は、「モモ」を読んで、何を考えさせられる本だと述べていますか。(15)

（　　　　）

5 右のしょうかいカードを書いた人は、「魔法の学校」を読んで、だれに共感したと述べていますか。(15)

（　　　　）

6 次の文章は、「読みたい本の見つけ方」について書かれたものです。（　）にあてはまる言葉を［　］から選んで書きましょう。(8×3)

・作家や（　　　　）に着目する。

・（　　　　）を読む。

・図書館や（　　　　）がすすめるものから選ぶ。

［あらすじ　友達　ジャンル］

（令和六年度版　光村図書　国語　五　銀河　「作家で広げるわたしたちの読書」による）

モモ ①

● 教科書の「モモ」の次の文章を読んで、答えましょう。

登場人物
モモ … 人の話を聞くのがとても上手な女の子
カメ … モモをどこかへ連れていく不思議なカメ
「時間貯蓄《ちょちく》銀行」の灰《はい》色の男たち … 町の人々から「時間」をぬすんでいる

教科書
〔町の人々から「時間」を…〕
〜
〔…どこかへ連れていくようです。〕

1 「モモ」は、かれらから町の人々をすくおうと考えましたとありますが、「かれら」とは誰のことですか。⑩

（　　　　）

教科書
〔「ねえ、カメさん。」と、モモは…〕
〜
〔…地下室まで通りぬけたのです。〕

2 カメの背《せ》中に文字がうかんだとき、なぜモモは「心配なんかしてないわ。」と言ったのですか。⑩

（　　　　）

3 それはむしろ、自分を元気づけるためでしたとありますが、なぜですか。⑩

（　　　　）

教科書
〔もしモモが、灰色の男の大軍が…〕
〜
〔…「ね、そう思わない。」〕

4 そんなこととは夢にも思いませんでしたとありますが、そんなこととはどんなことですか。⑮

（　　　　）

5 それがよかったのですとありますが、それとはどんなことですか。⑮

（　　　　）

6 今度はいつ、どこに追っ手が現れるかとありますが、追っ手とは誰のことですか。⑩

（　　　　）

7 そんなことはつゆ知らぬモモとありますが、「つゆ知らぬ」とはどんな意味ですか。正しいものに○をつけましょう。⑩

（　）よく知っている
（　）知りたくない
（　）全然知らない

教科書
〔カメのこうらに、注意信号の…〕
〜
〔…人っ子一人いません。〕

8 でも、注意にしたがいましたとありますが、どのような注意ですか。文中から四文字で抜き出しましょう。⑩

9 人っ子一人いませんとありますが、どんな意味ですか。正しいものに○をつけましょう。⑩

（　）人が少ししかいない
（　）人が一人いる
（　）人が誰もいない

名前

モモ ②

名前

● 教科書の「モモ」の次の文章を読んで、答えましょう。

教科書

〔時間貯蓄《ちょちく》銀行の本部に、…〕〜〔…灰《はい》色の声が答えました。〕

1 われわれにも分かりませんとありますが、「われわれ」とは誰のことですか。 (10)

（　）「時間貯蓄銀行」の本部の人

（　）「時間貯蓄銀行」のモモを追いかけている灰色の男たち

2 どうもおかしなことですとありますが、どんなことですか。 (15)

（　　　　）

3 子どもはその境界線に向かってゆきましたとありますが、何の境界線ですか。 (10)

（　　　　）

教科書

〔最初、モモは、夜が明け始めた…〕〜〔…白いたまご。それだけです。〕

4 この不思議な光は、とつぜんに、いつやって来たのですか。 (10)

（　　　　）

5 そのかげが、それぞれみんなちがう方向にのびているとありますが、なぜですか。 (15)

（　　　　）

6 その記念碑《ひ》は、どんな色でどんな形をしていましたか。 (10)

（　　　　）

教科書

〔けれど、建物のほうも、これまで…〕〜〔…進むのにびっくりしました。〕

7 けれど、建物のほうも、これまでモモが見たものとはまるっきりちがっていましたについて、答えましょう。 (5×2)

① どんな建物でしたか。正しいものに二つ○をつけましょう。

（　）目のくらむほどの白さの建物

（　）まどのおくが真っ暗で、人が住んでいる建物

（　）人が住んでいるかどうか分からない建物

② モモは、その建物を何のために造られたものだと思いましたか。 (10)

（　　　　）

8 ここの通りは見わたす限り空っぽで、動きが全くありませんとありますが、このことは何のようだと書かれていますか。 (10)

（　　　　）

モモ ③

名前

● 教科書の「モモ」の次の文章を読んで、答えましょう。

教科書

〔この不思議な地区の外側の、…〕
〜
〔…入っていったのを、目撃《げき》した男です。〕

1 三台のしゃれた車がライトを光らせてとありますが、三台のしゃれた車に乗っているのは誰ですか。(10)

（　　　　　）

2 なんともわけの分からない事態が起こりましたとありますが、どんなことですか。(10)

（　　　　　）

3 灰《はい》色の男たちはこれに気がつくととありますが、これとは何ですか。(10)

（　　　　　）

4 「ちくしょう。」とさけびながらとありますが、灰色の男たちはどんな気持ちで言ったのでしょうか。正しいものに○をつけましょう。(10)

（　）はずかしい気持ち
（　）悲しい気持ち
（　）腹立たしい気持ち

5 車から飛び出して、灰色の男たちは何をしようとしましたか。(10)

（　　　　　）

教科書

〔ところが、車がその曲がり角まで来ると、…〕
〜
〔…急ぐことはもうありません。〕

6 灰色の男たちが「おしまいだ。もうつかまえられっこない。」と言ったのはなぜですか。(10)

（　　　　　）

7 「わたしも分からん。」とありますが、何が分からないのですか。(10)

（　　　　　）

8 斟酌《しんしゃく》してもらえるかどうかだについて、答えましょう。(5×2)

① 「斟酌してもらえる」の意味として、正しいものに○をつけましょう。

（　）事情をくみ取ってもらえる
（　）許してもらえる
（　）ほめてもらえる

② 誰に斟酌してもらうのですか。正しいものに○をつけましょう。

（　）本部
（　）灰色の男たち
（　）モモ

9 灰色の男たちはみんなうなだれてとありますが、なぜうなだれたのですか。正しいものにすべて○をつけましょう。(10)

（　）不思議な光を見て、疲れてしまったから。
（　）斟酌してもらえるか分からないから。
（　）裁判にかけられるから。
（　）ほめられることはありえないから。

10 今となっては、急ぐことはもうありませんとありますが、なぜですか。(10)

（　　　　　）

かぼちゃのつるが

名前

かぼちゃのつるが

原田《はらだ》 直友《なおとも》

かぼちゃのつるが
はい上がり
はい上がり
葉をひろげ
葉をひろげ
はい上がり
葉をひろげ
細い先は
竹をしっかりにぎって
屋根の上に
はい上がり
短くなった竹の上に
はい上がり
㋐小さなその先端《たん》は
いっせいに
赤子のような手を開いて
ああ　今
空をつかもうとしている

（令和六年度版　光村図書　国語　五　銀河　原田　直友）

1 文中で三回以上くり返し出てくる言葉を二つ書きましょう。（10×2）

（　　　）（　　　）

2 1の二つのくり返しの表現があることで、どのような様子が分かりますか。正しいものに○をつけましょう。（10）

（　）かぼちゃのつるの先が、竹をしっかりにぎっている様子
（　）かぼちゃのつるの先が、赤子のような手を開いている様子
（　）かぼちゃのつるが伸びて広がっている様子

3 はい上がり、葉をひろげているのは何ですか。（10）

（　　　）

4 どこにはい上がっていますか。二つ書きましょう。（15×2）

（　　　）（　　　）

5 ㋐小さなその先端について、答えましょう。（15×2）

(1) その先端の「その」とは、何を指していますか。

（　　　）

(2) 小さなその先端は、人間の何に例えて書かれていますか。文中から抜き出しましょう。

（　　　）

われは草なり

高見《たかみ》 順《じゅん》

われは草なり
伸《の》びんとす
伸びられるとき
伸びんとす
伸びられぬ日は
伸びぬなり
伸びられる日は
伸びるなり

われは草なり
緑なり
全身すべて
緑なり
毎年かは《（わ）》らず
緑なり
緑の己《おのれ》に
あきぬなり

われは草なり
緑なり
緑の深きを
㋐願ふ《（う）》なり

ああ　㋑生きる日の
美しき
ああ　生きる日の
楽しさよ
われは草なり
生きんとす
草のいのちを
生きんとす

（令和六年度版　光村図書　国語　五　銀河　高見　順）

1 この詩は、何連でできていますか。（10）

（　　）連

2 次の言葉の意味に合うものを――線で結びましょう。（5×3）

伸びんとす　・　　・　伸びない
伸びられる　・　　・　伸びることができる
伸びぬ　・　　・　伸びようとする

3 二連目で最も強調していることは何ですか。文中から三文字で抜き出しましょう。（10）

4 ㋐願ふなりとありますが、何を願っていますか。文中から四文字で抜き出しましょう。（10）

5 ㋑生きる日とありますが、これを何と表していますか。二つ文中から抜き出して書きましょう。（10×2）

（　　）
（　　）

6 文中で四回くり返し出てくる言葉を二つ書きましょう。（10×2）

（　　）
（　　）

7 この詩には、くり返しの表現が使われています。この表現には、どんな効果がありますか。正しいものに○をつけましょう。（15）

（　）詩を分かりやすくする効果
（　）強く印象づける効果
（　）詩に出てくる言葉を他のものにたとえる効果

名前

どちらを選びますか

名前

● 教科書の「どちらを選びますか」を読んで、答えましょう。

● 先生が、小学五年生の子どもといっしょに行くのに、海と山のどちらがよいか、まよっています。先生に海と山をそれぞれの立場からすすめます。海をすすめるチームと山をすすめるチームに分かれて、質疑《ぎ》応答をしました。次の質疑応答の一部の文章を読んで、問題に答えましょう。（※質疑応答…質問したり答えたりすること。）

海　わたしたちは、海がいいと思います。理由は三つです。一つ目は、泳ぐことで暑さをしのげること。二つ目は、砂浜でビーチボールをしたり、ボートに乗るなど、さまざまな遊び方ができること。三つ目は、きれいな写真をとりやすく、思い出を形にして残せることです。

司会　何か質問はありますか。

山　海チームに質問です。海は、さまざまな遊び方ができると言いましたが、水着の他に浮き輪など持って行くものが多く、大変ではないですか。山は、リュック一つで身近な山に登って楽しむことができます。

海　そうかもしれませんが、持って行くものを選ぶ過程から楽しむことができ、家族の仲がいっそう深まると思います。

山　確かに、そう言われるとそんな気がします。

1 山チームは、海チームが発表した三つの理由のうち、いくつ目のことについて質問していますか。(10)

□つ目

2 山チームは、海チームに対して何が大変だと質問しましたか。(10)

（　　　）

3 2に対する海チームの答えは何ですか。(15)

（　　　）

4 海チームの答えは、山チームに対して説得力がありましたか。正しい方に○をつけましょう。又、それが分かる一文を文中から抜き出しましょう。(10+15)

（　）あった　（　）なかった

（　　　）

5 次の文章は、二つの立場から意見をのべ合う上で大切なことをまとめたものです。（　）にあてはまる言葉を□から選んで書きましょう。(10×4)

・（　　）し合って、考えの（　　）を明確にする。

・たがいの考えのよいところや（　　）を比べ、どちらの考えに（　　）があるかを考える。

問題点　ちがい　説得力　質問

（令和六年度版　光村図書　国語　五　銀河　「どちらを選びますか」による）

新聞を読もう

1 次の言葉とその説明文を——線で結びましょう。（2×5）

- 見出し
- リード文
- 本文
- 写真・図表など
- コラム

- 記事の内容をより分かりやすく、くわしく伝えるためにそえられることがある。
- 出来事のくわしい内容。解説が加わることもある。
- 記事の題に当たる。内容を短い言葉で表して、ひと目で分かるようにしている。
- 世の中の出来事や、季節の話題などについて書かれた文章。書き手の意見などがもりこまれる場合が多い。
- 記事の内容を短くまとめたもの。長い記事の場合に、本文の前に付けられる。

（令和六年度版　光村図書　国語　五　銀河「新聞を読もう」による）

2 新聞の紙面について、（　）にあてはまる言葉を□から選んで書きましょう。（3×5）

・新聞のページは、「（　　）」とよばれる。社会面や（　　）、（　　）など、面によって内容がちがっている。特に一面は、「（　　）」といわれ、その日の最も（　　）がのっている。

スポーツ面	重要なニュース	面
新聞の顔	経済《さい》面	

（令和六年度版　光村図書　国語　五　銀河「新聞を読もう」による）

3 次の記事は、新聞のどの面に書かれていますか。□から選んで、記号で答えましょう。（5×3）

（　　）消費税の値上げ
（　　）出生数の変化
（　　）ワールドカップの結果

㋐ 社会面　㋑ 経済面　㋒ スポーツ面

名前

4 次の文章は、「新聞記事を読むときに気をつけること」について書かれています。（　）にあてはまる言葉を□から選んで書きましょう。（5×6）

・記事を読むときには、何について書かれているかを（　　）や（　　）からとらえ、より（　　）情報を本文や図表から読み取る。
・同じ話題でも、伝える（　　）や目的によって、記事の内容は（　　）。（　　）に合わせて、読む新聞や記事を選ぶとよい。

くわしい	相手	見出し
ことなる	リード文	知りたいこと

（令和六年度版　光村図書　国語　五　銀河「新聞を読もう」による）

5 次の（　）にあてはまる言葉を□から選んで書きましょう。（5×6）

(1) 「逆三角形の構成」について

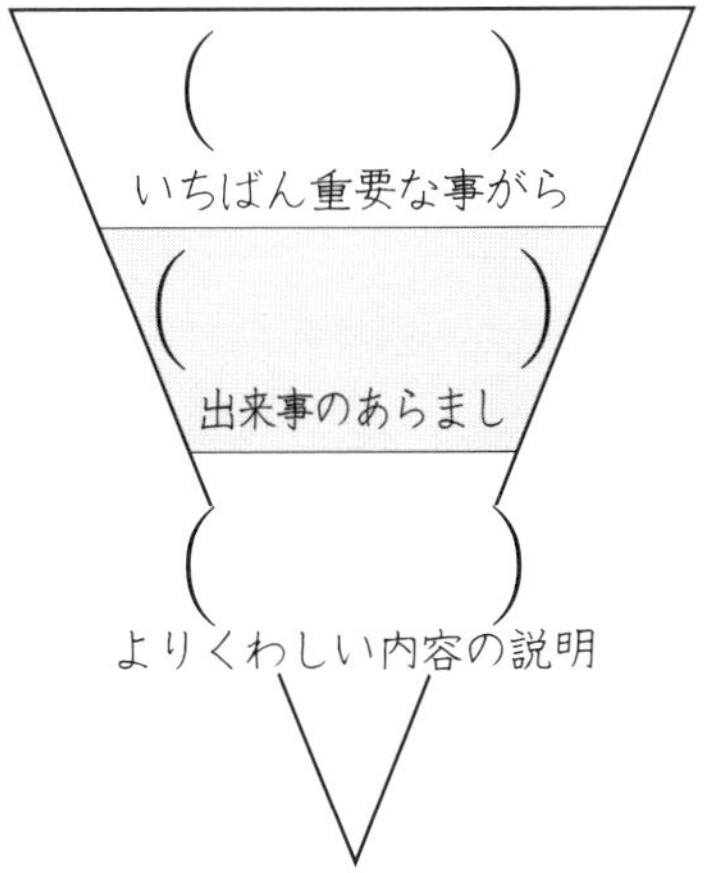

(2) 取り上げる出来事について

（　　）/どこで/（　　）が/何を/（　　）/どのように

ということが書かれている。

リード文	本文	見出し
なぜ	いつ	だれ

（令和六年度版　光村図書　国語　五　銀河「新聞を読もう」による）

たずねびと ①

すごく不思議なポスターだった。

「さがしています」という大きな文字が、㋐わたしの目に飛びこんできたのだ。いつものように駅の構内をぬけていくときのことだった。

㋑大きな文字の下には名前。名前、だと思う。名前だけ、何段《だん》も何段も書いてある。

㋒——あんなにたくさんの人を、だれがさがしているんだろう。

家の近くのけいじ板にも、よくポスターがはってある。「迷いねこ」や「迷い犬」、「青いインコをさがしています」というのもあった。ねこも犬もインコも、いなくなったまま帰ってこなくなって、だれかがさがしている。

——だけど、あの大きなポスター。あんなにたくさんの人が、いなくなったのかな。

どうも気になって、ポスターのはってあるかべまで歩いて行った。

すると、ポスターのちょうど真ん中へんにあったのは、わたしの名前だった。

「楠木《くすのき》アヤ」——かっこの中には年齢《れい》も書いてあった。（十一さい）——年齢も同じ。

——びっくり。㋓だれかが、わたしをさがしてるの。

だが、もちろん、そうではなくて、ポスターのいちばん上には『原爆供養塔納骨名簿《げんばくくようとうのうこつめいぼ》』とあった。だいいち、わたしの名前は漢字で「綾」と書くのだ。

ポスターには、「ご遺《い》族の方や名前にお心当たりのある方は、お知らせください」とも書いてあった。

——㋔死んだ人をさがしてるんだ——原爆が落とされたのって、戦争が終わった年だよね。何十年も前のことなのに。

「楠木アヤ（十一さい）」と書かれた所を、また見つめた。このアヤちゃんには、何十年も前からだれも「心当たり」がないのだろうか。㋕本当に不思議な気がした。

（令和六年度版　光村図書　国語　五　銀河　朽木　祥）

名前

1 ㋐わたしの目に飛びこんできたのだについて、答えましょう。(15×2)

(1) 何が飛びこんできたのですか。文中から抜き出しましょう。

（　　　　）

(2) (1)が書かれたポスターは、どこにありましたか。

（　　　　）

2 ㋑大きな文字の下には、名前がどのように書かれていましたか。(10)

（　　　　）

3 ㋒——あんなにたくさんの人を、だれがさがしているんだろうとありますが、これは「わたし」のどんな言葉ですか。正しい方に〇をつけましょう。(10)

（　）「わたし」が言った言葉

（　）「わたし」が心の中で思った言葉

4 ㋓だれかが、わたしをさがしてるのとありますが、なぜそう思ったのですか。(15)

（　　　　）

5 ㋔死んだ人をさがしてるんだについて、答えましょう。(10×2)

(1) 「死んだ人」とは、何によってなくなった人ですか。

（　　　　）

(2) このように思ったのはだれですか。氏名を書きましょう。

（　　　　）

6 ㋕本当に不思議な気がしたとありますが、「わたし」は何を不思議に思ったのですか。(15)

（　　　　）

たずねびと ②

秋の空は高く青くすんで、ゆったり流れる川にも空の色がうつっていた。ほね組みがむき出しのドームがその場にあるのが㋐不思議なくらい、明るくて晴れ晴れとした景色だった。

あ ──ここが爆心地なのか。ここで本当にたくさんの人が死んだの──。

お兄ちゃんも、独り言みたいにつぶやいた。

い 「㋑信じられないよな。水面が見えないくらい、びっしり人がういてたなんて。」

その川をわたって、慰霊碑《いれいひ》にお参りしてから、まず平和記念資料館に向かった。

資料館を半分も見て回らないうちに、わたしは頭がくらくらしてきた。何もかも信じられないことばかりだった。

だけど、陳《ちん》列ケースにならべられた、ご飯が炭化した弁当箱、くにゃりととけてしまったガラスびん、八時十五分で止まったうで時計が、そして焼けただれた三輪車や石段に残る人の形のかげが、「本当なんです。あなたは知らなかったの。」と問いかけてくるような気がした。原爆の閃《せん》光や熱風、四千度もの熱のせいで、㋒この持ち主たちは、ほとんどみんな死んでしまったのだ。

──たった一発の爆弾で、こんなひどいことになるなんて。

展《てん》示の説明板には「この年の終わりまでに㋓約十四万人の人がなくなりました」とあった。八月六日の朝、被《ひ》爆してすぐになくなった人だけではない。なんとか生きのびた人も、被爆まもない市に入って残留放射《しゃ》線を浴びた人も、核《かく》物質をふくんだ黒い雨に打たれた人も、次々になくなってしまったのだと。

（令和六年度版　光村図書　国語　五　銀河　朽木　祥）

名前

1 ㋐不思議なくらいとありますが、何が不思議なのですか。（10）

2 あ、いの部分について答えましょう。（8×2）

① あは、誰が思った言葉ですか。

② いは、誰が言った言葉ですか。

3 ㋑信じられないよなとありますが、何が信じられないのですか。（10）

4 ㋒この持ち主たちは、何を持っていましたか。文中から四つ抜き出しましょう。（8×4）

5 ㋓約十四万人の人がなくなりましたとありますが、どのような人ですか。文中から四つ抜き出しましょう。（8×4）

たずねびと③

「何十年も、だれにもむかえに来てもらえないなんて、どうしてなんですか。」

(あ)「もしかしたら、家族もみんなぎせいになったのかもしれんね。じゃが《（だけど）》、今でも、どこぞで帰りを待っとる人もあるかもしれんと、望みはすてずにおりますがの。」

(い)「──あの、ポスターにね、わたしと名前が同じ女の子がいたんです。わたし、クスノキアヤっていうんですけど。」

おばあさんの顔がぱっとかがやいた。お兄ちゃんがあわてた様子で付け足した。

(う)「遺《い》族とか、知り合いとかじゃないんです。ただ年齢《れい》までいっしょだったから、妹がすごく心に残ったみたいで──。」

それを聞くと、おばあさんはだまりこんでしまった。

わたしはこまってお兄ちゃんを見た──おばあさんをがっかりさせてしまったにちがいないと思ったのだ。

㋐だが、そうではなかった。おばあさんは、ほうきとちり取りをわきに置くと、しゃがんで供養塔《くようとう》に手を合わせ、こう言ったのだ。

(え)「アヤちゃん、よかったねえ。もう一人のアヤちゃんがあなたに会いに来てくれたよ。」

やがておばあさんは顔を上げると、しわだらけの顔いっぱいに、もっとしわをきざんでわたしに笑いかけた。㋑目には光るものがあったので、泣き笑いみたいな表情だった。

(お)「この㋒楠木アヤちゃんの夢やら希望やらが、㋓あなたの夢や希望にもなって、かなうとええねえ。元気で長う《なご》生きて、幸せにおくらしなさいよ。」

わたしははずかしくなって下を向いてしまった。そんなことは考えたこともなかったからだ。

別れぎわ、小さなおばあさんは見上げるようにしてわたしの手を取った。

「どうか、㋔この子のことを──アヤちゃんのことを、ずっとわすれんでおってね。」

（令和六年度版　光村図書　国語　五　銀河　朽木　祥）

名前

1　(あ)～(お)の言葉は、「わたし」「おばあさん」「お兄ちゃん」のうち、だれの言葉ですか。（10×5）

(あ)（　　）
(い)（　　）
(う)（　　）
(え)（　　）
(お)（　　）

2　㋐だが、そうではなかったとありますが、何がそうではなかったのですか。（10）

（　　）

3　㋑目には光るものとは、何ですか。（10）

おばあさんの（　　）

4　㋒、㋓は、それぞれだれの夢や希望を指していますか。また、㋔はだれのことを指していますか。［　］から選んで書きましょう。（10×3）

［わたし　なくなった楠木アヤ］

㋒（　　）
㋓（　　）
㋔（　　）

たずねびと④

秋の日は短くて、日がしずみかけていた。

㋐川土手をゆっくり歩いて橋に向かった。

静かに流れる川、夕日を受けて㋑赤く光る水。

わたしはらんかんにもたれた。お兄ちゃんもせかさなかった。㋒昼すぎに、この橋をわたったときには、きれいな川はきれいな川でしかなかった。ポスターの名前が、ただの名前でしかなかったように。

資料館で読んだ説明が思い出された——この辺りは、元はにぎやかな町だった。町には多くの人々がくらしていた。だが、あの朝、一発の爆弾が町も人も、この世から消してしまった。

消えてしまった町、名前でしかない人々、名前でさえない人々、数でしかない人々、数でさえない人々。

だけど、あのおばあさんが言っていたように、㋓わたしたちがわすれないでいたら——楠木アヤちゃんが確かにこの世にいて、㋔あの日までここで泣いたり笑ったりしていたこと、そして、ここでどんなにおそろしいことがあったかということ——をずっとわすれないでいたら、世界中のだれも、二度と同じようなめにあわないですむのかもしれない。

メモに書いた「楠木アヤ」という文字を、また指でなぞった。その名前に、祈念館でめぐり合った子どもたちの顔が、㋕次から次へと重なった。

そして、夢で見失った名前にも、いくつもいくつものおもかげが重なって、わたしの心にうかび上がってきた。

（令和六年度版　光村図書　国語　五　銀河　朽木　祥）

名前

1　㋐ゆっくり歩いてとありますが、ゆっくり歩いたのはだれとだれですか。（10×2）

（　　　　）と（　　　　）

2　㋑赤く光る水とありますが、何の水ですか。□に一文字で書きましょう。（10）

□の水

3　㋒昼すぎに、この橋をわたったとき、綾は、川についてどのように考えていましたか。（10）

（　　　　）川

4　㋓わたしたちがわすれないでいたらという部分について、答えましょう。（10×2）

①　何をわすれないのですか。二つ書きましょう。

（　　　　）ということ

（　　　　）ということ

②　ずっとわすれないでいたら、どうなると書かれていますか。（15）

（　　　　）

5　㋔あの日とは、いつのことですか。正しいものに○をつけましょう。（10）

（　）「わたし」が資料館に行った日

（　）おばあさんが供養した日

（　）原爆が投下された日

6　㋕何が次から次へと重なったのですか。（15）

（　　　　）

方言と共通語

名前

（前略）

わたしたちは、ふだん、家族や友達と話すとき、住んでいる地方特有の表現をふくんだ言葉づかいをしています。㋐これを、方言といいます。

例えば、㋑塩の味を表す言葉にも、地方によって、「ショッパイ」「カライ」など、さまざまな言い方があります。

㋒方言は、そこに住む人々の気持ちや感覚をぴったりと言い表すことができます。

しかし、ちがう地方の人どうしが、それぞれの方言で会話をすると、事がらや気持ちが正確に伝わらないこともあります。そのため、どの地方の人でも分かる言葉づかいも必要です。㋓これを、共通語といいます。

※地方特有の…（その）地方だけが、特別にもっている。

（令和六年度版　光村図書　国語　五　銀河　「方言と共通語」による）

1 方言と共通語の意味としてふさわしいものを、[　]から選んで（　）に記号で書きましょう。（12×3）

方言 （　　）（　　）

共通語 （　　）

あ どの地方の人でも分かる言葉
い 地方特有の表現をふくんだ言葉
う 地方に住む人々の気持ちや感覚をぴったりと言い表せる言葉

2 ㋐これは、何を指していますか。（15）

（　　　　）

3 ㋑塩の味を表す言葉を文中から二つ抜き出しましょう。（12×2）

（　　　　）と（　　　　）

4 ㋒方言には、どんな良さがありますか。（15）

（　　　　）

5 ㋓これは、何を指していますか。（10）

（　　　　）

季節の言葉3　秋の夕《ゆうべ》

名前

1 「枕草子《まくらのそうし》」（清少納言《せいしょうなごん》）の一節を読んで、答えましょう。

〈原文〉

秋は夕暮《ぐ》れ。㋐夕日のさして山の端《は》いと近う《（ちこう）》なりたるに、烏《からす》の寝《ね》どころへ行くとて、三《み》つ四《よ》つ、二つ三つなど、㋑飛びいそぐさへ《（え）》あは《（わ）》れなり。まいて雁《かり》などのつらねたるが、㋒いと小さく見ゆるは いとを《（お）》かし。日入《い》り果てて、風の音《おと》、虫の音《ね》など、はた言ふ《（う）》べきにあらず。

〈現代語訳〉

秋は夕暮れがよい。夕日が差して、山にとても近くなったころに、鳥がねぐらに行こうとして、三羽四羽、二羽三羽などと、急いで飛んでいく様子までしみじみとしたものを感じさせる。まして、㋓雁などが列を作っているのが、とても小さく見えるのは、たいへん味わい深いものだ。㋔日がすっかりしずんでしまって、風の音や虫の音などがするのも、言いようがなくよいものだ。

(1) 〈現代語訳〉から、次の言葉にあたる部分を抜き出しましょう。（10×3）

㋐ 夕日のさして山の端《は》いと近うなりたるに
（　　　　）

㋑ 飛びいそぐさへあはれなり
（　　　　）

㋒ いと小さく見ゆるはいとをかし
（　　　　）

(2) 〈原文〉から、次の言葉にあたる部分を抜き出しましょう。（10×2）

㋓ 雁などが列を作っているのが
（　　　　）

㋔ 日がすっかりしずんでしまって
（　　　　）

(3) 清少納言は、秋はいつの頃がよいといっていますか。〈原文〉から三文字で抜き出しましょう。（5）

（　　　　）

(4) この一節の いとをかし とは、何に対しての言葉ですか。〈原文〉から抜き出しましょう。（5）

（　　　　）

2 次の言葉の意味をしめした文が完成するように、（　）にあてはまる言葉を□から選んで、○をつけましょう。（10×4）

① 秋の夜長
夜が長くなってくる秋には、空気がすみ、（　　）がきれいに見えるようになる。

山　月　川

② 行く秋
秋が終わろうとするのを（　　）思う気持ちがこもった言葉。

さびしく　うれしく　待ち遠しく

③ 星月夜《ほしづきよ》
星の光で、月夜のように（　　）と感じた夜のこと。

暗い　明るい　あたたかい

④ 暮秋《ぼしゅう》
秋の（　　）。秋の暮れ。

初め　終わり　中ごろ

（令和六年度版　光村図書　国語　五　銀河「季節の言葉3　秋の夕」による）

よりよい学校生活のために

名前

□1 学校生活について、意見のちがいをふまえて、話し合いをすすめます。（　）にあてはまる言葉を［　］から選んで書きましょう。（8×5）

① 学校生活の中から、（　　　　）を決めよう。

② 自分の（　　　　）を明確にしよう。

③ 話し合いのしかたを確かめ、（　　　　）を立てよう。

④ 計画にそって、グループで（　　　　）。

⑤ 話し合ったことをクラスで共有し、（　　　　）を伝え合おう。

立場　進行計画　感想　議題　話し合おう

□2 よりよい学校生活のために、議題を決めて、グループで話し合いをしています。次の、話し合いの一部分の文章を読んで、問題に答えましょう。

（令和六年度版　光村図書　国語　五　銀河　「よりよい学校生活のために」による）

原田　それでは、今から「階段やろう下をきれいに保つために」という議題で話し合いを始めます。まず、青木さん、意見をお願いします。

青木　はい。階段もろう下もすぐによごれてしまいます。そこで、わたしは、美化委員会でよびかけてもらい、みんなでごみを拾う取り組みをしてはどうかを考えました。

井上　どうして、美化委員会からよびかけてもらうといいと考えたのですか。

青木　美化委員会が中心になれば、全校で取り組むことができると思うからです。

橋本　いい考えだと思うのですが、美化委員会は、今、トイレの清掃活動に取りかかっています。だから、すぐに取り組んでもらうのはむずかしいと思います。その点については、どう思いますか。

(1) 上の青木さんの文章を読んで、答えましょう。
㋐〜㋒の文章は、①現状と問題点、②解決方法、③理由や根拠のどれにあたりますか。（　）に記号を書きましょう。（8×3）

㋐ 美化委員会が中心になれば、全校で取り組むことができると思うから。
㋑ 階段もろう下もすぐによごれてしまう。
㋒ 美化委員会でよびかけてもらい、みんなでごみを拾う取り組みをする。

①（　　）現状と問題点
②（　　）解決方法
③（　　）理由や根拠

(2) 司会役はだれですか。（12）

（　　　　）さん

(3) 橋本さんは、㋐事実と㋑自分の考えと㋒質問をのべています。それぞれあてはまるものを記号で書きましょう。（8×3）

（　）すぐに取り組んでもらうのはむずかしいと思います。

（　）美化委員会は、今、トイレの清掃活動に取りかかっています。

（　）その点については、どう思いますか。

浦島《うらしま》太郎《たろう》

名前

浦島太郎　「御伽草子《おとぎぞうし》」より

〈原文〉

太郎思ふ《(う)》やう《(よう)》、亀が与へ《あた(え)》しかたみの箱、あひ《(い)》かまへ《(え)》てあけさせ給ふ《(たもう)》なと言ひ《(い)》けれども、今は何《なに》かせん、㋐あけて見ばやと思ひ《(い)》、㋑見るこそくやしかりけれ。この箱をあけて見れば、中より紫《むらさき》の雲三《み》すぢ《(じ)》上りけり。これを見れば、二十四五の齢《よわい》も、たちまちに変わりはてにける。

さて、浦島は鶴《つる》になりて、㋒虚空《こくう》に飛び上がりける。そもそも、この浦島が年を、㋓亀がはからひ《(い)》として、箱の中にたたみ入れにけり。

〈現代語訳〉　太郎が思うに、亀は形見にくれた箱を、決して開けなさるなと言っていたけれど、(ふるさとで長い時間がすぎてしまった)今となってはどうしようもないので、開けて見ようと思い、見てしまったのは残念なことだった。㋔この箱を開けて見たところ、中から紫色の雲が三本立ち上った。この雲を見た太郎は、二十四、五さいだったのに、たちまち㋕おじいさんに変わり果ててしまった。

それから、浦島太郎は鶴になって、大空へ飛び上がっていった。もともと、この浦島の年の数を、亀の心づかいで、箱の中にたたんで入れてあったのだ。

(令和六年度版　光村図書　国語　五　銀河「浦島太郎」による)

1 〈現代語訳〉から、次の言葉にあたる部分を抜き出しましょう。(10×4)

㋐ あけて見ばやと思ひ　（　　　）

㋑ 見るこそくやしかりけれ　（　　　）

㋒ 虚空に飛び上がりける　（　　　）

㋓ 亀がはからひとして　（　　　）

2 ㋔この箱を開けて見たところについて、答えましょう。

(1) 中から何が立ち上りましたか。〈現代語訳〉を見て答えましょう。(10)

（　　　）

(2) 太郎はどうなりましたか。〈現代語訳〉を見て答えましょう。(15)

（　　　）

3 太郎が箱を開けると、㋕おじいさんに変わり果ててしまったのはなぜですか。〈現代語訳〉を見て答えましょう。(15)

（　　　）

4 次の文がお話の順番になるように、（　）に番号を書きましょう。(5×4)

（　）太郎が箱を開ける。

（　）太郎がおじいさんに変わる。

（　）亀が浦島の年の数を箱の中にたたんで入れる。

（　）太郎が鶴になって、大空へ飛び上がる。

和語・漢語・外来語①

1 和語・漢語・外来語について、（　）にあてはまる言葉を[　]から選んで、記号で書きましょう。（2×6）

① 和語は、（　　）です。漢字で書いてあっても、（　　）で読む言葉は和語です。

② 漢語は、（　　）です。漢字を（　　）で読む言葉を漢語といいます。

③ 外来語は、（　　）です。ふつう（　　）で書き表します。

㋐ 古くに中国《ちゅうごく》から日本に入った言葉
㋑ もともと日本にあった言葉
㋒ 外国語から日本語に取り入れられた言葉
㋓ 片仮名《かたかな》
㋔ 「音」
㋕ 「訓」

2 次の言葉が和語なら㋐、漢語なら㋑、外来語なら㋒を（　）に書きましょう。（2×14）

① 昼食（　　）
② 山登り（　　）
③ フルーツ（　　）
④ 話す（　　）
⑤ 飲み物（　　）
⑥ テスト（　　）
⑦ 新聞（　　）
⑧ キッチン（　　）
⑨ 花火（　　）
⑩ 開花（　　）
⑪ 決める（　　）
⑫ 集合（　　）
⑬ 新年（　　）
⑭ ベンチ（　　）

名前

3 次の言葉について、それぞれ和語・漢語・外来語のどれにあてはまるか——線で結びましょう。（5×4）

① ルール・規則・決まり　・　・　和語・漢語・外来語
② 速度・速さ・スピード　・　・　和語・漢語・外来語
③ 混み合う・ラッシュ・混雑　・　・　和語・漢語・外来語
④ 開始・スタート・始まり　・　・　和語・漢語・外来語

4 次の和語を同じ意味を持つ漢語になおしましょう。（5×4）

〈例〉山登り → （登山）
① 日の光 → （　　）
② 冷たい水 → （　　）
③ 朝の会 → （　　）
④ 道 → （　　）

5 次の和語を同じ意味を持つ外来語になおしましょう。（5×4）

〈例〉くだもの → （フルーツ）
① つくえ → （　　）
② おくり物 → （　　）
③ 宿屋 → （　　）
④ 飲み物 → （　　）

和語・漢語・外来語 ②

名前

1 次の言葉の和語の読み方をひらがなで、漢語の読み方をカタカナで（　）に書きましょう。また、その言葉の意味を□から選んで、記号で答えましょう。(3×16)

① 風車　和語（　）意味（　）　漢語（　）意味（　）

㋐ 風の力で羽根車を回し、粉をひいたり発電したりするそうち。
㋑ 風で回る、紙などで作ったおもちゃ。

② 色紙　和語（　）意味（　）　漢語（　）意味（　）

㋐ 和歌や俳句・サインなどを書く、四角い厚紙。
㋑ 色のついた紙。折り紙などに使う。

③ 生物　和語（　）意味（　）　漢語（　）意味（　）

㋐ 加熱していない食べもの。
㋑ 動物や植物など、すべてのいきもの。

④ 見物　和語（　）意味（　）　漢語（　）意味（　）

㋐ 見る値打ちのあるもの。
㋑ もよおしものや景色などを見て楽しむこと。

2 次の和語の読み方をひらがなで（　）に書きましょう。(2×6)

① 春風（　）　② 星空（　）
③ 歌声（　）　④ 目薬（　）
⑤ 親子（　）　⑥ 横笛（　）

3 次の漢語の読み方をカタカナで（　）に書きましょう。(2×6)

① 新聞（　）　② 開始（　）
③ 旅館（　）　④ 朝食（　）
⑤ 目標（　）　⑥ 人種（　）

4 ──線の言葉と言いかえられる言葉を、□から選んで（　）に書きましょう。また、（　）の言葉が㋐和語、㋑漢語、㋒外来語のどれであるか、記号で［　］に書きましょう。(2×14)

① 先生に、高校合格の報告をする。（　）［　］
② 新しいスポーツにちょうせんする。（　）［　］
③ 国語のテストを受ける。（　）［　］
④ 紙に住んでいる所を書く。（　）［　］
⑤ 公園のベンチにすわる。（　）［　］
⑥ 海の水は塩からい。（　）［　］
⑦ 授業の要点をノートにまとめる。（　）［　］

試験　海水　ポイント　住所
知らせ　長いす　チャレンジ

固有種が教えてくれること ①

名前

ウサギといえば、耳が長くてぴょんぴょんはねる、鳴かない動物――そう考える人が多いのではないでしょうか。しかし、㋐アマミノクロウサギという種はちがいます。耳は約五センチメートルと短く、ジャンプ力は弱く、そのうえ「ピシー」という高い声で鳴くのです。このウサギは、日本だけに生息しています。このような、特定の国や地域《いき》にしかいない動植物のことを、㋑「固有種」といいます。

固有種には、古い時代から生き続けている種が多くいます。㋒アマミノクロウサギも、およそ三百万年以上前からほぼそのままのすがたで生きてきたとされる、めずらしいウサギです。このウサギと比べることで、「耳が長い」「ぴょんぴょんはねる」「鳴かない」というふつうのウサギの特徴《ちょう》が、長い進化の過程で手に入れられたものなのだということが分かります。㋓固有種と他の種とを比べることは、生物の進化の研究にとても役立つのです。日本には、固有種がたくさん生息する豊かな㋔環境があります。わたしは、この固有種たちがすむ日本の環境を、できるだけ残していきたいと考えています。

（令和六年度版　光村図書　国語　五　銀河　今泉　忠明）

1 ㋐アマミノクロウサギという種は、どんな特ちょうを持っていますか。四つ書きましょう。（10×4）

2 ㋑固有種とは、何ですか。（10）

3 ㋒アマミノクロウサギは、どんなところがめずらしいのですか。（15）

4 ㋓固有種と他の種とを比べることは、どんなことに役立ちますか。（10）

5 日本には、どんな㋔環境があるとのべていますか。（10）

6 筆者の思い（考え）が表れている一文を抜き出しましょう。（15）

固有種が教えてくれること ②

　このようなことから、日本列島には数百万年前に出現したものをはじめ、さまざまな時代から生き続けているほ乳類が見られ、㋐そのほぼ半数が固有種なのです。

このさまざまな動物たちが何万年も生き続けることができたのは、なぜでしょう。 あ 、日本列島が南北に長いため、寒い地域《いき》からあたたかい地域までの㋑気候的なちがいが大きく、㋒地形的にも、平地から標高三千メートルをこす山岳《がく》地帯まで変化に富んでいるからです。そのおかげで、さまざまな動物たちがくらせる、豊かで多様な環境が形づくられたのです。㋓日本にやって来た動物たちは、それぞれ自分に合った場所を選んだことで、生きぬくことができたのでしょう。 う 、その場所は、今日《こんにち》まで長く保たれてきました。固有種が生き続けていくためには、この豊かな環境が㋔保全される必要があるのです。

（令和六年度版　光村図書　国語　五　銀河　今泉　忠明）

名前

1 あ〜うにあてはまるつなぎ言葉を［　］から選んで書きましょう。（10×3）

あ（　　　）
い（　　　）
う（　　　）

［ そして　それは　では ］

2 ㋐そのほぼ半数の「その」が指しているものは何ですか。文中から抜き出しましょう。（10）

（　　　）

3 ㋑気候的なちがいが大きくとありますが、なぜちがいが大きいのですか。（10）

（　　　）

4 ㋒地形的にも、どのように変化に富んでいるのですか。（10）

（　　　）変化に富んでいる。

5 ㋓日本にやって来た動物たちは、なぜ生きぬくことができたのですか。（15）

（　　　）

6 ㋔保全の意味として、正しいものに○をつけましょう。（10）

（　）広げること
（　）安全を保つこと
（　）放置すること

7 筆者の意見（考え）が表れている一文を抜き出しましょう。（15）

（　　　）

固有種が教えてくれること ③

名前

　では、㋐現状はどうでしょうか。明治時代以降《こう》、人間の活動が活発になり、森林のばっさいや外来種の侵《しん》入が進みました。それによって、動物たちのすむ場所が消失するという問題が起こり、㋑すでに絶滅《めつ》したほ乳類もいます。最もよく知られているのは、本州・四国・九州に生息し、一九〇五年に記録されたものを最後に消息を絶ったニホンオオカミでしょう。二〇一二年には、ニホンカワウソの絶滅が宣《せん》言されました。ニホンリスも数が減少しており、すでに九州では絶滅したのではないかともいわれています。自然の作用ではなく、人間の活動によって、固有種が減ってきているのです。

　この問題が分かってから、固有種などを天然記念物に指定したり、絶滅のおそれのある動植物を「絶滅危惧《きぐ》種」などとランク分けしたりして、㋒積極的な保護が行われてきました。［あ］、㋓ニホンカモシカは、らんかくによって、一時は絶滅したのではないかとされ、「まぼろしの動物」とよばれるほどに減少しました。［い］、一九五五年に特別天然記念物として保護されるようになると再び増加し、一九八〇年ごろには、全国に十万頭以上にまで増えました。保護したことが、よい結果を生んだのです。

（令和六年度版　光村図書　国語　五　銀河　今泉　忠明）

1　あ、いにあてはまるつなぎ言葉を［　］から選んで書きましょう。（10×2）

あ（　　　　）
い（　　　　）

［だから　例えば　しかし］

2　㋐現状はどうなっているとのべていますか。正しいものに四つ〇をつけましょう。（5×4）

（　）固有種はすべて絶滅した。
（　）人間の活動が活発になり、森林のばっさいが進んだ。
（　）外来種の侵入が進んだ。
（　）外来種が固有種になった。
（　）固有種を保護したので、以前より固有種の種類が増えた。
（　）動物たちのすむ場所が消失するという問題が起こった。
（　）すでに絶滅したほ乳類もいる。

3　㋑すでに絶滅したほ乳類の例として、何が書かれていますか。二つ書きましょう。（10×2）

（　　　　）
（　　　　）

4　㋒積極的な保護とは、どんなことですか。二つ書きましょう。（10×2）

（　　　　）
（　　　　）

5　一時は絶滅したのではないかとされた㋓ニホンカモシカですが、何をした結果、どうなりましたか。（10×2）

（　　　　）をした結果、（　　　　）

統計資料の読み方

名前

1 次の㋐、㋑は、どちらも、ある小学校の図書館の利用人数について調べた結果を表したグラフです。同じ内容を表している二つのグラフを見て、問題に答えましょう。

〈○○小学校の図書館の利用人数〉

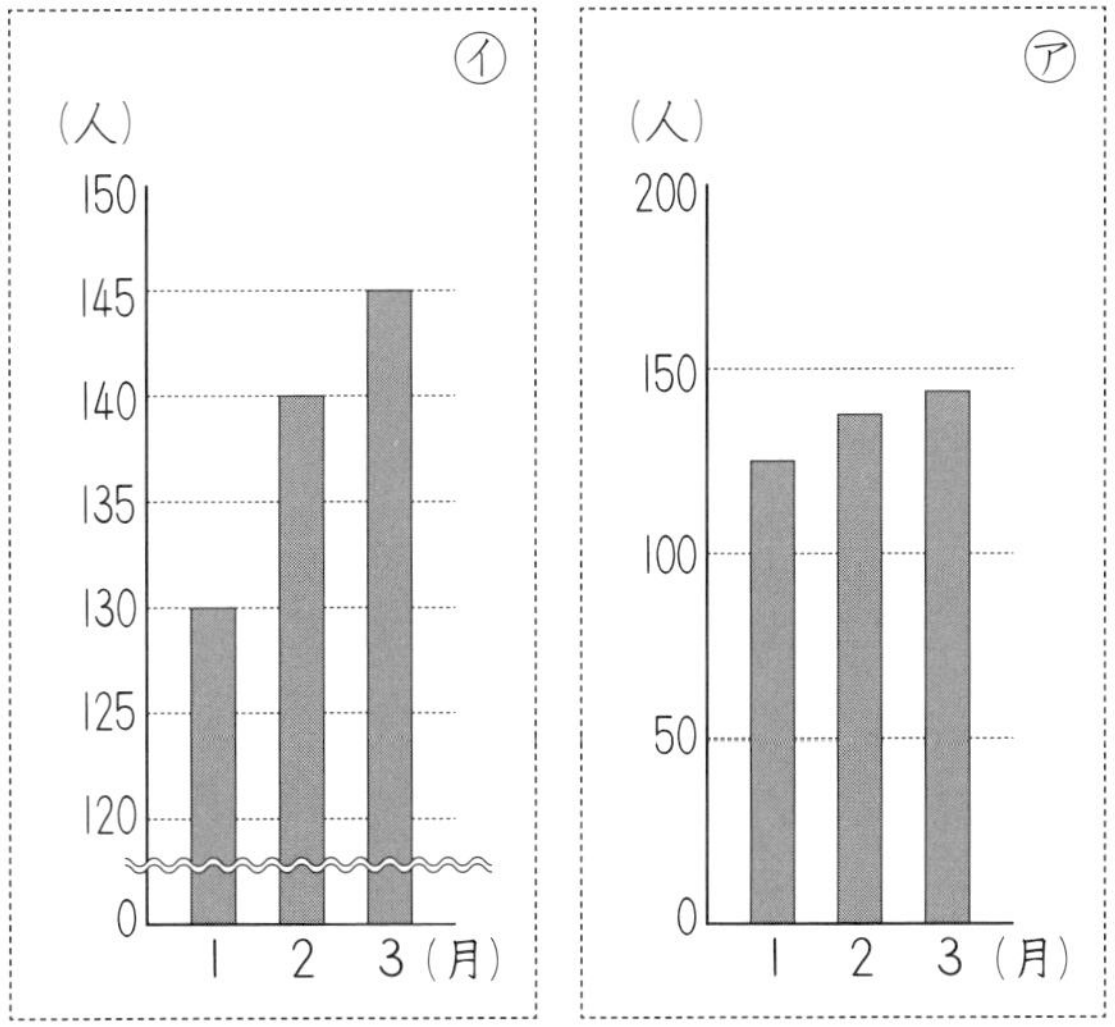

(1) ㋐、㋑の二つのグラフには、どんな印象のちがいがありますか。(10)

(　　　　)

(2) ㋐、㋑のグラフは、それぞれ一目盛りが何人ですか。(15×2)

㋐(　　)人　㋑(　　)人

(3) 二つのグラフの印象が大きくちがうのは、何がちがうからですか。正しいものに○をつけましょう。(15)

(　)調べた月　(　)単位　(　)目もりのとり方

2 次の資料㋒、㋓を見て、問題に答えましょう。

〈資料㋒〉 小学生が好きな動物の種類

1位	犬	35%
2位	ねこ	25%
3位	ゾウ	14%

全国の小学生1200人(各学年の男女100人ずつ)に調査〔2020年〕

〈資料㋓〉 ○○動物園に来た小学生が好きな動物の種類

1位	犬	32%
2位	ライオン	20%
3位	ゾウ	15%

○○動物園に来た小学生100人に調査〔2020年〕

(1) 資料㋒、㋓について、正しいものに二つ○をつけましょう。(15×2)

(　)資料㋓の調査の対象は、全国の小学生1200人である。

(　)資料㋒で三位までに入っているのに、資料㋓には入っていない動物の種類は、ねこである。

(　)資料㋒で犬が好きな割合よりも、資料㋓で犬が好きな割合の方が大きい。

(　)資料㋒、㋓の調査は、同じ年に行われた。

(2) 二つの資料において、好きな動物の種類およびその割合にちがいがあるのはなぜですか。(15)

(　　　　)

カンジー博士の暗号解説

名前

1 ○には、同じ読み方の別の漢字が入ります。○に入る漢字を（　）に書きましょう。

①
・日本○地を旅行する。
・妹は、明るい性○だ。
・正○な情報か判断する。

（　）（　）（　）

②
・商○街へ行く。
・テストでよい○数をとる。
・となり町に○校する。

（　）（　）（　）

③
・校○を歌う。
・日本の文○を伝える。
・放○後に友達と遊ぶ。

（　）（　）（　）

2 ○△には、記号ごとに同じ読み方の別の漢字が入ります。○△の読み方を□に書きましょう。また、○△に入る漢字を（　）に書きましょう。

① ○□　△□
・○用のため、△社を休む。　○（　）　△（　）
・○日に△水浴に行く。　○（　）　△（　）
・世△で最も有名な○技は、サッカーだ。　○（　）　△（　）

② ○□　△□
・春の○節になると、△園の桜がきれいにさく。　○（　）　△（　）
・高△生からずっと日○をつけている。　○（　）　△（　）
・今日は○△がよいので、外でお弁当を食べよう。　○（　）　△（　）

3 ○△□には、記号ごとに同じ読み方の別の漢字が入ります。○△□の読み方を□に書きましょう。また、○△□に入る漢字を（　）に書きましょう。

① ○□　△□　□□
・弟は、△□が三センチのびた。　△（　）　□（　）
・△友になやみを○談する。　○（　）　△（　）
・胃の□子が悪いので、○退する。　○（　）　□（　）

② ○□　△□　□□
・この湖は、水△一メートル□上の深さがある。　△（　）　□（　）
・○会科の中で政治が得意だなんて、□外だ。　○（　）　□（　）
・図書□員の仕事をする。　□（　）
・かわいい犬の○△をとる。　○（　）　△（　）

③ ○□　△□　□□
・反○を生かして、練習方法を△ぜんする。　○（　）　△（　）
・□食を食べると、一日元気に過ごせる。　□（　）
・あの△社の○□は、目覚ましい。　○（　）　△（　）　□（　）
・その答えは、○△です。　○（　）　△（　）

古典の世界（二）

名前

● 左の文章を読んで、次の問いに答えましょう。

論語《ろんご》

「論語」は、中国《ちゅうごく》の古代の思想家である孔子《こうし》と、その弟子《でし》たちの問答などを記録した書物です。日本にも古くから伝えられ、人々の生き方や考え方に大きなえいきょうをあたえました。

〈原文〉

㋐子曰《しい》は《（わ）》く、「己《おのれ》の欲《ほっ》せざる所は、㋑人に施《ほどこ》すこと勿《な》かれ。」と。

〈現代語訳〉　孔子は言った。「自分が人からされたくないと思うことを、他人に対してしてはならない。」と。

〈原文〉

子曰《い》は《（わ）》く、「過《あやま》ちて改めざる、是《これ》を㋒過ちと謂《い》ふ《（う）》。」と。

〈現代語訳〉　孔子は言った。「人はだれでも過ちがあるものだが、過ちをおかしてそれを改めないのが、本当の過ちというものだ。」と。

（令和六年度版　光村図書　国語　五　銀河「古典の世界（二）」による）

□1

(1) 「論語」について、次の問いに答えましょう。（5×3）

① だれと、だれの問答などを記録した書物ですか。

（　　　　）と（　　　　）

② 何に大きなえいきょうをあたえましたか。

（　　　　）

(2) 〈現代語訳〉から、次の言葉にあたる部分を抜き出しましょう。（10×3）

㋐ 子曰はく（　　　　）

㋑ 人に施すこと勿かれ（　　　　）

㋒ 過ちと謂ふ（　　　　）

漢詩

漢詩は、中国の詩で、もともとは漢字だけで書かれたものです。日本は、古くから中国と交流があり、漢詩などの文化にも親しんできました。「春《しゅん》暁《ぎょう》」は、最もよく知られた漢詩の一つです。

春暁　　孟《もう》　浩然《こうねん》

〈原文〉

春眠《しゅんみん》　㋐暁《あかつき》を覚えず

㋑処処《しょしょ》　㋒啼鳥《ていちょう》を聞く

㋓夜来《やらい》　風雨《ふうう》の声

花落つること　知る多少

〈現代語訳〉　春のねむりは気持ちがよくて、朝になったのも気づかなかった。あちこちで鳥の鳴く声が聞こえてくる。昨日の夜は雨や風の音がしていたが、㋔花はどのくらい散ってしまっただろうか。

（令和六年度版　光村図書　国語　五　銀河「古典の世界（二）」による）

□2

(1) 「漢詩」は、どんなものだと書かれていますか。（5）

（　　　　）

(2) 〈現代語訳〉から、次の言葉にあたる部分を抜き出しましょう。（10×4）

㋐ 暁を覚えず（　　　　）

㋑ 処処（　　　　）

㋒ 啼鳥（　　　　）

㋓ 夜来（　　　　）

(3) ㋔「花はどのくらい散ってしまっただろうか」にあたる部分を、〈原文〉から抜き出しましょう。（10）

（　　　　）

やなせたかし──アンパンマンの勇気 ①

名前

● 教科書の「やなせたかし──アンパンマンの勇気」の次の文章を読んで、答えましょう。

教科書
〔二〇一一年三月十一日、東日本大震災が…〕
〜
〔…ぼくは何をすればいいのだろう。〕

1 東日本大震災《しんさい》の数日後、やなせたかしが強く心を動かされたニュースはどんなものですか。(15)

2 九十二さいのやなせたかしは、震災が起こる前は、どのようにくらそうと思っていましたか。(15)

3 やなせたかしは、何年生まれですか。(5)

（　　）年

4 やなせたかしが五さいのとき、だれがなくなりましたか。(5)

5 やなせたかしは、その後だれに育てられましたか。(5)

6 やなせたかしは、中学生の頃、何になりたいという夢をいだくようになりましたか。(5)

7 戦場ではさまざまな苦しいめにあったとありますが、どんなつらいことがありましたか。三つ書きましょう。(5×3)

8 たかしたち　わかい兵隊は、空腹《ふく》にたえられず、おかゆの他に何を食べましたか。三つ書きましょう。(5×3)

9 弟を失った悲しみの中で、たかしは何を考え、弟の墓の前で何を話しかけましたか。

・考えたこと (10)

・話しかけたこと (10)

やなせたかし――アンパンマンの勇気 ②

名前

● 教科書の「やなせたかし――アンパンマンの勇気」の次の文章を読んで、答えましょう。

教科書

〔戦争が終わってからずっと、…〕
〜
〔…どんなときも正しいことのはずだ。〕

① 戦争が終わってからずっと、たかしの頭からはなれなかったのはどんな問いですか。(10)

（　　　　）

② たかしは、戦争は結局、何であると思いましたか。文中から四文字で抜き出しましょう。(10)

（　　　　）

③ それじゃあ、あまりにむなしすぎるとありますが、何についてむなしいと言っているのですか。(15)

（　　　　）

④ そのえがおを見て、たかしは はっとしたとありますが、だれのどのようなえがおですか。(15)

（　　　　）

⑤ たかしは、本当の正義とは、だれに何をすることだと気がつきましたか。(15)

（　　　　）

⑥ たかしは、食べ物を分けることは、どんなことだと気がつきましたか。(15)

（　　　　）

⑦ 今も世界中に戦争をしている国があって、どんな人たちがいて、どんな子どももいると書かれていますか。(10×2)

人たち（　　　　）

子ども（　　　　）

やなせたかし——アンパンマンの勇気 ③

名前

● 教科書の「やなせたかし——アンパンマンの勇気」の次の文章を読んで、答えましょう。

教科書

〔たかしは五十四さいのとき、…〕
〜
〔…愛されるヒーローに成長した。〕

1 アンパンマンの誕生《たん》であるとありますが、アンパンマンの最初のタイトルは何でしたか。文中から六文字で抜き出しましょう。(10)

2 それまでのヒーローとはちがっていたとありますが、どんなところがちがっていたのですか。四つ書きましょう。(5×4)

（・　　）
（・　　）
（・　　）
（・　　）

3 アンパンマンは、たかしが何について考えぬいた末に生み出した主人公ですか。(10)

（　　）

4 なぜアンパンマンは最初、大人たちから評判が悪かったのですか。(10)

（　　）

5 信念があったとありますが、たかしにはどんな信念がありましたか。(15)

（　　）

6 自分の食べ物をあげてしまったり、いじめられている人をかばったりしたら、どうなるかもしれないと書かれていますか。(15)

（　　）

7 本当の勇気がわいてくるんだとありますが、どんなときに本当の勇気がわいてくるのですか。(10)

（　　）

8 はば広い世代から愛されるヒーローに成長したとありますが、「アンパンマン」という作品が成長していく順に、1〜4の番号を（　）に書きましょう。(10)

（　）大人たちからの評判が悪い。
（　）テレビアニメになる。
（　）「あんぱんまん」として一冊の絵本が出版される。
（　）子どもたちからの人気が高まる。

あなたは、どう考える

名前

A

ぼくは、電車やバスの優先席は、必要だと考える。

根拠

優先席は、他の席に比べて、空いていることが多い。多くの人が、優先席にすわらないようにしているからだろう。実際に、国土交通省が令和元年に行った調査によると、ふだん優先席にすわるかという問いに、「よくすわる」「ときどきすわる」と答えた人は、合わせて三十五パーセントだった。そして、「ほとんどすわらない」「すわったことがない」人は、合わせて六十五パーセントとなっている。ぼくの祖母は、「優先席は空いていることが多いので、気がねなくすわることができて、助かっている。」と言う。

B

優先席を空けていると、車内が混み合いやすくなるし、どの席でも、ゆずるべき人にゆずればよいだけだ、と考える人もいるだろう。

反論に対する考え

[あ]、㋐席を必要とする人の中にも、席をゆずってもらえない人がいる。[い]、見た目では分からない病気や障《しょう》害のある人たちだ。こうした人たちは、優先席があると、安心できるのではないだろうか。

C

[う]、席を必要とする人がより多くすわれるよう、電車やバスの優先席は、必要だと考える。

〈参考〉『心のバリアフリー』に関するアンケート調査の結果について（国土交通省ウェブサイト）

（令和六年度版　光村図書　国語　五　銀河「あなたは、どう考える」による）

1 A〜Cにあてはまる段落の役わりを□から選んで書きましょう。（8×3）

A（　　）

B（　　）

C（　　）

まとめ・主張　主張　予想される反論

2 「ぼく」の主張を文中から抜き出しましょう。（10）

（　　）

3 「根拠」を読んで、根拠としている祖母が言った言葉を文中から抜き出しましょう。（10）

（　　）

4 Bを読んで、予想される反論を二つ書きましょう。（10×2）

（　　）

（　　）

5 「反論に対する考え」を読んで、㋐席を必要とする人の中にも、席をゆずってもらえない人の例を書きましょう。（12）

（　　）

6 あ〜うにあてはまるつなぎ言葉を□から選んで書きましょう。（8×3）

あ（　　）

い（　　）

う（　　）

例えば　このように　しかし

季節の言葉4 冬の朝

名前

1 「枕草子《まくらのそうし》」（清少納言《せいしょうなごん》）の一節を読んで、答えましょう。

〈原文〉

冬はつとめて。雪の降《ふ》りたるは㋐言ふ(う)べきにもあらず、霜《しも》のいと白きも、㋑またさらでもいと寒きに、火などいそぎおこして、炭もて渡《わた》るもいとつきづきし。昼になりて、ぬるくゆるびもていけば、火桶《おけ》の火も白き灰《はい》がちになりてわろし。

〈現代語訳〉

㋒冬は早朝がよい。雪が降っているのは言うまでもない。霜が真っ白なのも、またそうでなくても、とても寒いときに、火などを急いでおこして、㋓炭を持ち運ぶ様子も、たいへん冬らしい。昼になって、㋔寒さがやわらいでくると、㋕火桶の中の火も白い灰が多くなってきて、よくない。

(1) 〈現代語訳〉から、次の言葉にあたる部分を抜き出しましょう。（8×2）

㋐ 言ふべきにもあらず （　　　）

㋑ またさらでも （　　　）

(2) 〈原文〉から、次の言葉にあたる部分を抜き出しましょう。（8×3）

㋓ 炭を持ち運ぶ様子も、たいへん冬らしい （　　　）

㋔ 寒さがやわらいでくると （　　　）

㋕ 白い灰が多くなってきて、よくない （　　　）

(3) 清少納言は、冬はいつの頃がよいといっていますか。〈原文〉から四文字で抜き出しましょう。（8）

（　　　）

(4) ㋒冬は早朝がよいとありますが、よいものの例を次に合うように、漢字一文字で書き出しましょう。（3×4）

・□が降る様子

・真っ白な□

・□をおこす様子

・□を持ち運ぶ様子

2 次の言葉の意味をしめした文が完成するように、（　）にあてはまる言葉を[　]から選んで、○をつけましょう。（10×4）

① 木枯《が》らし
冬の初めに（　）をふき散らす、冷たい風のこと。
[木の葉　花びら　雪]

② 風花《かざはな》
風に乗って飛んできて、ちらちらとまい落ちる（　）のこと。
[雪　花　葉]

③ からっ風
雨・雪などはふらず、強くふく（　）北風。
[しめった　かわいた　あたたかい]

④ 粉《こな》雪
雪の結晶が小さく、水分が少ないため、（　）としている雪。
[しっとり　さらさら　べたべた]

（令和六年度版　光村図書　国語　五　銀河　「季節の言葉4　冬の朝」による）

好きな詩のよさを伝えよう

名前

1 「土」を読んで、答えましょう。

土

三好《みよし》 達治《たつじ》

蟻《あり》が
蝶《ちょう》の羽をひいて行く
ああ
ヨットのやう《（よう）》だ

（令和六年度版　光村図書　国語　五　銀河　三好　達治）

(1) ヨットのやうだとありますが、どんな様子がヨットのようなのですか。文中から抜き出して書きましょう。⑮

（　　　　）様子

(2) この詩は、何について書かれていますか。正しい方に○をつけましょう。⑮

（　）自然の風景
（　）人の感情や心の中

2 「風をみた人はいなかった」を読んで、答えましょう。

風をみた人はいなかった

岸田《きしだ》 衿子《えりこ》

風をみた人はいなかった
風のとおったあとばかり見えた
風のやさしさも　怒《いか》りも
砂《すな》だけが教えてくれた

（令和六年度版　光村図書　国語　五　銀河　岸田　衿子）

(1) 風のとおったあと、何が残っていましたか。漢字一文字で書きましょう。⑩

（　　　　）

(2) 何が何を教えてくれたのですか。⑮

（　　　　）が（　　　　）を教えてくれた。

3 「一ばんみじかい抒情詩《じょじょうし》」を読んで、答えましょう。

一ばんみじかい抒情詩

寺山《てらやま》 修司《しゅうじ》

なみだは
にんげんのつくることのできる
一ばん小さな
海です

（令和六年度版　光村図書　国語　五　銀河　寺山　修司）

(1) 抒情詩とは、どんなものですか。正しいものに○をつけましょう。⑮

（　）自分の感情を、直接的に表現した詩
（　）自然の風景を、間接的に表現した詩

(2) 海ですとありますが、海にたとえられているものは何ですか。文中から三文字で抜き出しましょう。⑮

（　　　　）

(3) なぜ(2)で答えたものを海にたとえているのですか。あなたの考えを書きましょう。⑮

（　　　　）

熟《じゅく》語の読み方 ①

名前

□1 ――線の漢字の読みを（　）に書きましょう。（2×6）

① 毎年、海外旅行へ行く。（　　）

② 梅酒を作るために、梅をつける。（　　）

③ ポスターの標語を太字で書く。（　　）

④ 本屋に行って、マンガを買う。（　　）

⑤ 逆上がりの見本を見る。（　　）

⑥ 委員長の役目を果たす。（　　）

□2 〈例〉にならって、熟語になるように□から漢字を選んで書きましょう。また、（　）に熟語の読みを書きましょう。（2×12）

〈例〉態度（たいど）

① 見□（　　）

② □育（　　）

③ □様（　　）

④ 線□（　　）

⑤ □具（　　）

⑥ □□（　　）

間　~~度~~　雨　王　飼　毛　物　居

□3 次の漢字の読みを（　）に書きましょう。また、それぞれの漢字は㋐音読み、㋑訓読みのどちらですか。［　］に記号を書きましょう。（4×10）

① 団子（　　）　団［　］　子［　］

② 場所（　　）　場［　］　所［　］

③ 友達（　　）　友［　］　達［　］

④ 台所（　　）　台［　］　所［　］

⑤ 夕食（　　）　夕［　］　食［　］

□4 ――線の漢字の読みを（　）に書きましょう。その際、音読みはカタカナ、訓読みはひらがなで書きましょう。（4×6）

① 駅前で待ち合わせする。（　　）

② 山田さんと目線が合う。（　　）

③ 空港で荷物検査をする。（　　）

④ 父は、休日も仕事をしている。（　　）

⑤ テレビ番組を見る。（　　）

⑥ 海が見える高台にのぼる。（　　）

熟《じゅく》語の読み方 ②

名前

1 ——線の字の読みを（　）に書きましょう。（4×12）

① 真面目に授業を聞く。（　　）

② 七月七日は、七夕だ。（　　）

③ 八百屋で野菜を買う。（　　）

④ 迷子の女の子を助ける。（　　）

⑤ 真っ青な海をながめる。（　　）

⑥ 果物はビタミンが豊富だ。（　　）

⑦ きれいな清水が流れる。（　　）

⑧ 眼鏡をかけると、よく見える。（　　）

⑨ 博士が新しい発明をする。（　　）

⑩ 川原でピクニックをする。（　　）

⑪ まどから景色をながめる。（　　）

⑫ 兄は、けん玉が上手だ。（　　）

2 次の漢字の読みを（　）に書きましょう。（4×7）

① 今日（　　）

② 昨日（　　）

③ 明日（　　）

④ 今朝（　　）

⑤ 今年（　　）

⑥ 二日（　　）

⑦ 二十日（　　）

3 ——線の読み方をする漢字を□□に書きましょう。（4×6）

① ふたりは兄弟だ。□□

② 姉は、歌がへただ。□□

③ へやのそうじをする。□□

④ 新しいとけいを買う。□□

⑤ ひとりで旅行へ行く。□□

⑥ おとなとしての自覚を持つ。□□

複合語 ①

名前

1 次の文の（　）にあてはまる言葉を□から選んで、複合語を作りましょう。（4×10）

(1)
① ねこがさくから飛び（　　）。
② カモメが大空を飛び（　　）。
③ 地しんのゆれで、夜中に飛び（　　）。
④ ハードルを飛び（　　）。

回る　起きる　こえる　おりる

(2)
① たがいにニックネームで（　　）合う。
② 美しい音色が（　　）合う。
③ 運動会の種目について（　　）合う。

ひびき　よび　話し

(3)
① この問題は（　　）やすい。
② このおかしは（　　）やすい。
③ この花は（　　）やすい。

分かり　育て　食べ

2 ①〜⑥にあてはまる言葉の組み合わせを□から選び、（　）に書きましょう。（5×12）

① 和語と和語との組み合わせ（　　）（　　）
② 漢語と漢語との組み合わせ（　　）（　　）
③ 外来語と外来語との組み合わせ（　　）（　　）
④ 和語と漢語との組み合わせ（　　）（　　）
⑤ 和語と外来語との組み合わせ（　　）（　　）
⑥ 漢語と外来語との組み合わせ（　　）（　　）

雪合戦　リサイクルショップ
防災マップ　昔話　消費税
ボール投げ　オレンジジュース
話し合う　平均タイム　待ち時間
スープ皿　芸術家

複合語 ②

名前

1 次の二つ（もしくは三つ）の言葉を使って、複合語を作りましょう。（4×12）

① 山＋登る → （　　）

② 細い＋長い → （　　）

③ 助ける＋合う → （　　）

④ 筆記＋用具 → （　　）

⑤ サービス＋センター → （　　）

⑥ 分かれる＋道 → （　　）

⑦ 売り出す＋セール → （　　）

⑧ 輸入＋フルーツ → （　　）

⑨ 絵＋かく＋歌 → （　　）

⑩ 読書＋感想＋文 → （　　）

⑪ パン＋食う＋競争 → （　　）

⑫ もち＋つく＋大会 → （　　）

2 次の複合語をもとの二つ（もしくは三つ）の言葉に分けましょう。（①〜⑩4×10　⑪、⑫6×2）

① 魚市場 → （　　）＋（　　）

② 歩み寄る → （　　）＋（　　）

③ 人工衛星 → （　　）＋（　　）

④ ゲームコーナー → （　　）＋（　　）

⑤ 最新データ → （　　）＋（　　）

⑥ 墓参り → （　　）＋（　　）

⑦ 学級委員長 → （　　）＋（　　）

⑧ ピアノ発表会 → （　　）＋（　　）＋（　　）

⑨ 交通安全週間 → （　　）＋（　　）＋（　　）

⑩ 文部科学省 → （　　）＋（　　）＋（　　）

⑪ 東南アジア諸国連合（ASEAN） → （　　）＋（　　）＋（　　）＋（　　）＋（　　）

⑫ 国際連合教育科学文化機関（ユネスコ） → （　　）＋（　　）＋（　　）＋（　　）＋（　　）＋（　　）＋（　　）

複合語 ③

名前

1 次の二つの言葉を結びつけた複合語を（　）に書きましょう。また、その読みがなを送りがなもふくめて、［　］に書きましょう。（6×10）

① 雨（あめ）＋雲（くも）
↓
（　　　）　読みがな［　　　］

② 前（まえ）＋歯（は）
↓
（　　　）　読みがな［　　　］

③ 船（ふね）＋旅（たび）
↓
（　　　）　読みがな［　　　］

④ 白（しろ）＋波（なみ）
↓
（　　　）　読みがな［　　　］

⑤ 筆（ふで）＋箱（はこ）
↓
（　　　）　読みがな［　　　］

⑥ 角（つの）＋笛（ふえ）
↓
（　　　）　読みがな［　　　］

⑦ 花（はな）＋畑（はたけ）
↓
（　　　）　読みがな［　　　］

⑧ 青い（あおい）＋白い（しろい）
↓
（　　　）　読みがな［　　　］

⑨ 力（ちから）＋強い（つよい）
↓
（　　　）　読みがな［　　　］

⑩ 見る（みる）＋苦しい（くるしい）
↓
（　　　）　読みがな［　　　］

2 次の言葉を組み合わせると、どんな複合語になりますか。［　］から選んで書きましょう。（5×8）

① 国際＋連合
↓
（　　　）

② パーソナル＋コンピュータ
↓
（　　　）

③ 図画＋工作
↓
（　　　）

④ 万国＋博らん＋会
↓
（　　　）

⑤ 国民＋体育＋大会
↓
（　　　）

⑥ スマート＋フォン
↓
（　　　）

⑦ デジタル＋カメラ
↓
（　　　）

⑧ リモート＋コントローラー
↓
（　　　）

スマホ	図工	デジカメ
国連	パソコン	リモコン
国体	万博	

言葉を使い分けよう

1　分かりやすい文章を書くために、どんなことに気をつけるとよいですか。①～⑧に合う言葉を、[　]から選んで（　）に書きましょう。（6×8）

● 相手に合わせて（①）を選ぶ
・相手の（②）に立って、理解しやすい（③）をさがす。
・和語や漢語、外来語などで、同じことを表す別の（④）がないかを考える。
・言いかえることで、伝わる（⑤）が変わってしまわないかどうかを考える。

● 相手や（⑥）に応じた言い方をする
・（⑦）に向けて、どんな場面で伝えるのかを意識して、言い方を考える。
・文末表現に気をつける。
・ふつうの言い方と、（⑧）や尊敬語、けんじょう語とを、適切に使い分ける。

①（　　）
②（　　）
③（　　）
④（　　）
⑤（　　）
⑥（　　）
⑦（　　）
⑧（　　）

場	表現	ていねい語
立場	だれ	言葉
内容	言い方	

（令和六年度版　光村図書　国語　五　銀河「言葉を使い分けよう」による）

名前

2　次の文を一年生に向けて伝わるように、書き直します。

㋐ 職場体験①で、飲食店②に行くにあたり、各自③が適切④なエプロンを持参する⑤こと。

(1)　一年生にはむずかしい①～⑤の言葉を、やさしい言葉に直します。[　]から選んで、（　）に書きましょう。（6×5）

① 職場体験 →（　　）
② 飲食店 →（　　）
③ 各自 →（　　）
④ 適切な →（　　）
⑤ 持参する →（　　）

持ってくる	レストラン	一人一人
ちょうどよい	お仕事体験	

(2)　次の表現は、どのように書きかえるとよいですか。正しい方に○をつけましょう。（6×2）

① 行くにあたり
（　）行くときには
（　）行くのであれば

② 持参すること
（　）持ってきなさい
（　）持ってきてください

(3)　(1)、(2)をもとに、㋐の文を書き直しましょう。（10）

（　　）

大造《だいぞう》じいさんとガン ①

名前

㋐さかんにばたついたとみえて、辺り一面に羽が飛び散っていました。

ガンの群れは、これに危《き》険を感じてえさ場を変えたらしく、付近には一羽も見えませんでした。

しかし、大造じいさんは、たかが鳥のことだ、一晩たてば、またわすれてやって来るにちがいないと考えて、昨日よりも、もっとたくさんの㋑つりばりをばらまいておきました。

[あ]翌日、昨日と同じ時刻《こく》に、大造じいさんは出かけていきました。

秋の日が、美しくかがやいていました。

じいさんがぬま地にすがたを現すと、大きな羽音とともに、ガンの大群が飛び立ちました。じいさんは、「はてな。」と首をかしげました。

つりばりをしかけておいた辺りで、確かに、ガンがえをあさった形跡《せき》があるのに、今日は一羽もはりにかかっていません。㋒いったい、どうしたというのでしょう。

気をつけて見ると、つりばりの糸が、みなぴいんと引きのばされています。

ガンは、昨日の失敗にこりて、えをすぐには飲みこまないで、まず、くちばしの先にくわえて、ぐうと引っ張ってみてから、異《い》状なしとみとめると、㋓初めて飲みこんだものらしいのです。[い]も、あの残雪が、仲間を指導してやったにちがいありません。

「ううむ。」

大造じいさんは、㋔思わず感嘆《たん》の声をもらしてしまいました。

ガンとかカモとかいう鳥は、鳥類の中で、あまりりこうなほうではないといわれていますが、どうしてなかなか、あの小さい頭の中に、たいしたちえをもっているものだなということを、㋕今さらのように感じたのでありました。

（令和六年度版　光村図書　国語　五　銀河　椋　鳩十）

1 ㋐さかんにばたついたとありますが、このことはどんな様子からわかりますか。(10)

（　　　　）

2 大造じいさんは、どう考えて、㋑つりばりをばらまいておいたのですか。(15)

（　　　　）

3 あ、いに入る言葉を[　]から選んで書きましょう。(10×2)

あ（　　　　）

い（　　　　）

[どの　その　これ]

4 ㋒いったい、どうしたというのでしょうとありますが、どんなできごとに対していっているのですか。(15)

（　　　　）

5 ㋓残雪が、仲間を指導してやったとありますが、どんな指導をしたのですか。(15)

（　　　　）

6 どんな㋔感嘆の声をもらしたのですか。文中から抜き出しましょう。(10)

「（　　　　）」

7 ㋕今さらのように感じたとありますが、どんなことを感じたのですか。(15)

（　　　　）

大造《だいぞう》じいさんとガン　②

今年もまた、ぼつぼつ、例のぬま地にガンの来る㋐季節になりました。

大造じいさんは、生きたドジョウを入れたどんぶりを持って、鳥小屋の方に行きました。じいさんが小屋に入ると、一羽のガンが、羽をばたつかせながら、じいさんに飛び付いてきました。

(あ)このガンは、二年前、じいさんがつりばりの計略で生けどったものだったのです。今では、㋑すっかりじいさんになついていました。ときどき、鳥小屋から運動のために外に出してやるが、ヒュー、ヒュー、ヒューと口笛をふけば、どこにいてもじいさんのところに帰ってきて、(い)そのかた先に止まるほどになれていました。

大造じいさんは、ガンがどんぶりからえを食べているのを、じっと見つめながら、

「今年はひとつ、これを使ってみるかな。」

と、独り言を言いました。

じいさんは、長年の経験で、ガンは、いちばん最初に飛び立ったものの後について飛ぶ、ということを㋒知っていたので、このガンを手に入れたときから、ひとつ、これを㋓おとりに使って、残雪の仲間をとらえてやろうと考えていたのでした。

さて、いよいよ残雪の一群が今年もやって来たと聞いて、大造じいさんは、ぬま地へ出かけていきました。

ガンたちは、昨年じいさんが小屋がけした所から、㋔たまのとどくきょりの三倍もはなれている地点を、えさ場にしているようでした。そこは、夏の出水《しゅっすい》で大きな水たまりができて、ガンのえが十分にあるらしかったのです。

㋕「うまくいくぞ。」

大造じいさんは、青くすんだ空を見上げながら、にっこりとしました。

（令和六年度版　光村図書　国語　五　銀河　椋　鳩十）

名前

1 ㋐季節になりましたとありますが、どんな季節になったのですか。(15)

（　　　　）

2 (あ)、(い)の言葉は、何を指していますか。(10×2)

(あ) このガン（　　　　）

(い) そのかた先（　　　　）

3 ㋑すっかりじいさんになついている様子として正しいものに、二つ○をつけましょう。(5×2)

（　）鳥小屋から外に出て、運動する。

（　）じいさんが口笛をふくと、どこにいてもじいさんのところに帰ってくる。

（　）じいさんのかた先に止まる。

4 ㋒知っていたとありますが、じいさんは、長年の経験でどんなことを知っていたのですか。(15)

（　　　　）

5 ㋓おとりに使ってとありますが、「おとり」とはどんな意味ですか。正しい方に○をつけましょう。(10)

（　）動物や人をさけるために使うもの

（　）動物や人をさそいよせるために使うもの

6 ㋔たまのとどくきょりの三倍もはなれている地点とは、どんなところですか。(15)

（　　　　）

7 ㋕「うまくいくぞ。」とありますが、じいさんは何がうまくいくと思ったのですか。(15)

（　　　　）

大造《だいぞう》じいさんとガン ③

名前

その夜のうちに、飼いならしたガンを例のえさ場に放ち、昨年建てた小屋の中にもぐりこんで、ガンの群れを待つことにしました。

㋐「さあ、いよいよ戦闘《とう》開始だ。」

㋑東の空が真っ赤に燃えて、朝が来ました。

残雪は、いつものように群れの先頭に立って、美しい朝の空を、真一文字に横切ってやって来ました。

やがて、えさ場に下りると、グワア、グワアというやかましい声で鳴き始めました。大造じいさんのむねは、わくわくしてきました。しばらく目をつぶって、心の落ち着くのを待ちました。そして、冷え冷えするじゅうしんをぎゅっとにぎりしめました。

じいさんは目を開きました。

「さあ、今日こそ、あの残雪めに㋒ひとあわふかせてやるぞ。」

くちびるを二、三回静かにぬらしました。そして、あのおとりを飛び立たせるために口笛をふこうと、くちびるをとんがらせました。と、㋓そのとき、ものすごい羽音とともに、ガンの群れが一度にバタバタと飛び立ちました。

「どうしたことだ。」

じいさんは、小屋の外にはい出してみました。

ガンの群れを目がけて、白い雲の辺りから、㋔何か一直線に落ちてきました。

「ハヤブサだ。」

ガンの群れは、残雪に導かれて、実にすばやい動作で、ハヤブサの目をくらましながら飛び去っていきます。

「あっ。」

㋕一羽、飛びおくれたのがいます。

大造じいさんのおとりのガンです。長い間飼いならされていたので、野鳥としての本能がにぶっていたのでした。

ハヤブサは、その一羽を見のがしませんでした。

じいさんは、ピュ、ピュ、ピュと口笛をふきました。

こんな命がけの場合でも、飼い主のよび声を聞き分けたとみえて、ガンは、こっちに方向を変えました。

ハヤブサは、その道をさえぎって、パーンと㋖一けり けりました。

ぱっと、白い羽毛《う》が、あかつきの空に光って散りました。ガンの体はななめにかたむきました。

（令和六年度版　光村図書　国語　五　銀河　椋　鳩十）

1 ㋐「さあ、いよいよ戦闘開始だ。」とありますが、戦闘開始に向けてじいさんが行ったことを二つ書きましょう。（10×2）

（　　　　）

（　　　　）

2 ㋑東の空が真っ赤に燃えてとは、どんな空の様子を表していますか。正しいものに○をつけましょう。（5）

（　）空が夕焼けで真っ赤になっている様子

（　）東の空が朝日で真っ赤になっている様子

（　）東の空が火事で真っ赤に燃えている様子

3 ㋒ひとあわふかせてやるとは、どんな意味ですか。正しいものに○をつけましょう。（5）

（　）悲しませてやる

（　）楽しませてやる

（　）びっくりさせてやる

4 ㋓そのときについて、答えましょう。（10×2）

① そのときとは、どんなときですか。

（　　　　）

② そのとき、どんなことが起こりましたか。

（　　　　）

5 ㋔何か一直線に落ちてについて、答えましょう。（10×2）

① 一直線に落ちてきたものは何ですか。

（　　　　）

② そのとき、ガンの群れはどうしましたか。

（　　　　）

6 なぜ㋕一羽、飛びおくれたのですか。（10）

（　　　　）

7 ㋖一けり けりましたとありますが、だれがだれをけったのですか。（10×2）

（　　　　）が（　　　　）をけった。

大造《だいぞう》じいさんとガン ④

名前

もう一けりと、ハヤブサがこうげきの姿《し》勢をとったとき、さっと、大きなかげが空を横切りました。

残雪です。

大造じいさんは、ぐっとじゅうをかたに当て、残雪をねらいました。㋐が、なんと思ったか、再びじゅうを下ろしてしまいました。

残雪の目には、人間もハヤブサもありませんでした。ただ、救わねばならぬ仲間のすがたがあるだけでした。

いきなり、㋑てきにぶつかっていきました。そして、あの大きな羽で、力いっぱい相手をなぐりつけました。

不意を打たれて、さすがのハヤブサも、空中でふらふらとよろめきました。が、㋒ハヤブサも、さるものです。さっと体勢を整えると、残雪のむな元に飛びこみました。

ぱっ

ぱっ

羽が、白い花弁のように、すんだ空に飛び散りました。

そのまま、ハヤブサと残雪は、もつれ合って、ぬま地に落ちていきました。

大造じいさんはかけつけました。

二羽の鳥は、なおも地上ではげしく戦っていました。が、ハヤブサは、人間のすがたをみとめると、急に戦いをやめて、よろめきながら飛び去っていきました。

残雪は、㋓むねの辺りをくれないにそめて、ぐったりとしていました。しかし、㋔第二のおそろしいてきが近づいたのを感じると、残りの力をふりしぼって、ぐっと長い首を持ち上げました。そして、じいさんを正面からにらみつけました。

それは、鳥とはいえ、いかにも頭領らしい、㋕堂々たる態度のようでありました。

大造じいさんが手をのばしても、残雪は、もうじたばたさわぎませんでした。それは、最期《ご》の時を感じて、せめて頭領としてのいげんをきずつけまいと努力しているようでもありました。

大造じいさんは、強く心を打たれて、㋖ただの鳥に対しているような気がしませんでした。

（令和六年度版　光村図書　国語　五　銀河　椋　鳩十）

1 ㋐が、なんと思ったか、再びじゅうを下ろしてしまいましたとありますが、なぜ大造じいさんはじゅうを下ろしたのだと思いますか。（10）

（　　　　）

2 ㋑てきにぶつかっていきましたとありますが、だれがだれにぶつかっていったのですか。（10×2）

（　　　）が（　　　）に
ぶつかっていった。

3 ㋒ハヤブサも、さるものですとありますが、「さるもの」とはどんな意味ですか。正しいものに○をつけましょう。（10）

（　）油断ができないくらい、大きなもの。
（　）油断ができないくらい、手ごわいもの。
（　）さるのように、かしこいもの。

4 ㋓むねの辺りをくれないにそめてとありますが、これはむねの辺りがどうなっていることを表していますか。（15）

（　　　　）

5 ㋔第二のおそろしいてきとは、だれのことを指していますか。（15）

（　　　　）

6 ㋕堂々たる態度とありますが、これは残雪のどんな様子のことをいっていますか。（15）

（　　　　）

7 ㋖なぜ、じいさんはただの鳥に対しているような気がしなかったのですか。（15）

（　　　　）

大造《だいぞう》じいさんとガン ⑤（全文読解《どっかい》）

名前

● 教科書の「大造じいさんとガン」の次の文章を読んで、答えましょう。

1 教科書

第一場面
〔今年も、残雪は、ガンの群れを…〕
〔…のように感じたのでありました。〕

残雪というのは、一羽のガンにつけられた名前ですとありますが、なぜ残雪という名前をつけられたのですか。 ⑩

2 教科書

第二場面
〔その翌年も、残雪は、大群を…〕
〔…とうなってしまいました。〕

大造じいさんは、うまくいったので、会心のえみをもらしましたとありますが、うまくいったとはどんなことを指していますか。 ⑮

3 教科書

第三場面
〔今年もまた、ぼつぼつ、…〕
〔…いるような気がしませんでした。〕

次の文がお話の順番になるように、（　）に番号を書きましょう。 (5×8)

（　）一羽、飛びおくれたガンを見つけて、「あっ。」と言う大造じいさん。

（１）「今年はひとつ、これを使ってみるかな。」と、独り言を言う大造じいさん。

（　）いきなりハヤブサにぶつかっていき、大きな羽で、力いっぱいなぐりつける残雪。

（　）大造じいさんが近づいたのを感じると、残りの力をふりしぼって、ぐっと長い首を持ち上げる残雪。

（　）おとりのガンが方向を変えた道をさえぎって、パーンと一けりけるハヤブサ。

（　）「うまくいくぞ。」と、青くすんだ空を見上げながら、にっこりとする大造じいさん。

（　）地上ではげしく戦うハヤブサと残雪。

（　）冷え冷えするじゅうしんをぎゅっとにぎりしめる大造じいさん。

4 教科書

全文を読んで、答えましょう。

次の文がお話の順番になるように、（　）に番号を書きましょう。 (5×7)

（　）タニシを付けたウナギつりばりにかかった一羽のガンに喜ぶ大造じいさん。

（　）昨日までなかった「小さな小屋」をみとめ、方向を変えてしまう残雪。

（　）最期の時を感じて、頭領としてのいげんをきずつけまいと努力する残雪。

（１）残雪がやって来たと知ると、今年こそはと、考えておいた特別な方法に取りかかる大造じいさん。

（　）タニシをガンの好みそうな場所にばらまき、ねぐらの小屋で朝をまっていた大造じいさん。

（　）「ううむ。」と感嘆の声をもらす大造じいさん。

（　）おとりのガンにハヤブサがこうげきの姿勢をとったとき、いきなりハヤブサにぶつかっていった残雪。

言葉のたから箱 ①

1 次の言葉と反対の意味を表す言葉を［　］から選んで、（　）に書きましょう。（5×6）

① 器用 ↔ （　　　）
② 興ふん ↔ （　　　）
③ 雑然 ↔ （　　　）
④ おとる ↔ （　　　）
⑤ 一般 ↔ （　　　）
⑥ 不自然 ↔ （　　　）

冷静	まさる	特殊
自然	不器用	整然

2 次の言葉とよくにた意味の言葉を［　］から選んで、（　）に書きましょう。（5×6）

① ピュア ― （　　　）
② せん細 ― （　　　）
③ 動じない ― （　　　）
④ ざん新 ― （　　　）
⑤ とびきり ― （　　　）
⑥ 有名な ― （　　　）

ばつぐん	目新しい	じゅんすい
びんかん	名高い	堂々とした

名前

3 （　）にあてはまる言葉を［　］から選んで書きましょう。（5×5）

① 田中さんは、自まんをしない（　　　）人だ。
② 山本さんは、大勢の前で堂々と発表できる、（　　　）人だ。
③ このどうくつは、青白く光っていて、（　　　）ふん囲気がある。
④ 昨日お金を使い過ぎてしまったので、今日は（　　　）夕食だ。
⑤ この宝石は、世界でもめずらしく、（　　　）ものだ。

そまつな	けんきょな	価値がある
神秘的な	どきょうがある	

4 次の言葉とその意味を――線でつなぎましょう。（15）

① むじゃき	・	・	注意深くて、軽はずみな行動をしない。
② しんちょう	・	・	かざりけがなく、自然なこと。
③ 情け深い	・	・	すなおで悪い心がなく、かわいらしい。
④ そぼく	・	・	人を思いやる気持ちが強い。
⑤ 無数	・	・	どっしりとして落ち着いている。
⑥ 重々しい	・	・	数えきれないほどたくさんある。

言葉のたから箱 ②

名前

1 次の（　）にあてはまる言葉を[　]から選んで書きましょう。（5×8）

① 先生にウソをついてしまい、（　　　　）気持ちになる。

② 怖い話を聞いて、（　　　　）。

③ 苦手な科目のテストが終わったので、（　　　　）。

④ 少数派の意見を（　　　　）。

⑤ 教室でね言を言ってしまい、はずかしさで（　　　　）。

⑥ 鳥がケガしているすがたが（　　　　）。

⑦ 仲の良い友達が転校するのが、（　　　　）。

⑧ 強くて優しいヒーローに（　　　　）。

いたいたしい	気が軽くなる
尊重する	あこがれる
後ろめたい	顔を赤らめる
切ない	背すじが寒くなる

2 次の言葉とその意味を――線でつなぎましょう。（4×5）

① こいしい　・　　・ よいことを期待して心が浮き立つ。

② 気に留める　・　　・ 強く心に感じる。

③ むねが高鳴る　・　　・ 何かを忘れないように心にとどめておく。

④ 痛感する　・　　・ そのことにだけ心がうばわれ、他のことは全く考えない。

⑤ 無我夢中　・　　・ どうしようもないほど、会いたくなったり見たくなったりする。

3 にたような感情を表す言葉の中で一つだけちがった意味の言葉があります。その言葉に〇をつけましょう。（10×2）

①
（　）気が重い
（　）気をしずめる
（　）気が進まない

②
（　）あぜんとする
（　）心をゆさぶられる
（　）感動する

4 次の言葉を使って、短文を作りましょう。（10×2）

① うろたえる
（　　　　）

② 興味しんしん
（　　　　）

漢字書き

漢字の広場(1)(2)

名前

①桜の□□《きせつ》
②太平洋□□《せんそう》
③ニュートンの□□《でんき》
④□□□《さんこうしょ》
⑤□□《べんり》な道具
⑥□□□《あんないず》
⑦□□《せつめい》
⑧□□《じゅんばん》
⑨□□《さいしん》情報
⑩□□《じしょ》を使う
⑪□□《えいご》
⑫□《しず》か
⑬□□《ぶんるい》
⑭□□《ようぼう》に応える
⑮□□《くべつ》
⑯物の□□《はいち》
⑰図書館□□《ししょ》
⑱□□《こうきょう》の場所
⑲□《せき》にすわる
⑳□□□《じどうしょ》
㉑□《か》りる
㉒三さつ□□《いない》
㉓□□□□《ひゃっかじてん》
㉔□□《きょくりょく》
㉕□□《そつぎょう》
㉖□《はたら》く
㉗今□□《しゅうまつ》
㉘行事に□□《さんか》する
㉙□□《しめい》を書く
㉚豊かな□□《しぜん》
㉛□□《もくひょう》
㉜□□《ねっちゅう》
㉝お金の□□《せつやく》
㉞□□《しっぱい》
㉟□□《ざんねん》
㊱□□《はんせい》点
㊲□□《どりょく》
㊳大切な□□《なかま》
㊴□《つづ》ける
㊵□□《ひっし》に走る
㊶□□《とっくん》
㊷□□《けっそく》力
㊸□□《ふあん》
㊹□□《くろう》人
㊺□□《しんねん》を持つ
㊻夢と□□《きぼう》
㊼□□《せいこう》体験
㊽□□《ゆうき》ある行動
㊾□□□《あくてんこう》
㊿□□《ぶじ》をいのる
51□《わ》になる
52□《はた》をふる
53□《わら》う
54生まれて□《はじ》めて
55□《つつ》む
56□《つめ》たい
57天気□□《りょうこう》
58□□《ひがん》達成

/58

漢字書き

漢字の広場(3)(4)

名前

① 日本□□《さんぎょう》

② □□《ぎょぎょう》

③ 一□□《たんい》

④ 日本□《かく》地

⑤ 都道□《ふ》県

⑥ □□《ほうほう》

⑦ □□《けいりょう》カップ

⑧ □□《かんさつ》日記

⑨ 水を□□《かねつ》する

⑩ □□《えいよう》素

⑪ ご□《はん》

⑫ □《きゅう》食

⑬ □《や》き魚

⑭ □《えん》分

⑮ □□《けんこう》体

⑯ 実験□□《けっか》

⑰ □《へん》化

⑱ クラス合□《しょう》

⑲ 学□《げい》会

⑳ 楽□《き》

㉑ 号□《れい》

㉒ 記□《ろく》

㉓ □□《いっしゅう》走る

㉔ □《たね》をまく

㉕ □《め》が出る

㉖ □《おぼ》える

㉗ □□《ていへん》

㉘ 面□《せき》

㉙ 半□《けい》

㉚ 一□《ちょう》二千□《おく》

㉛ 例□《だい》

㉜ □《こ》定する

㉝ □□□《しけんかん》を使う

㉞ □《と》む

㉟ □□《みやぎ》県

㊱ □□《いばらき》県

㊲ □《とち》木県

㊳ □《ぐん》馬県

㊴ □《さい》玉県

㊵ □□□《かながわ》県

㊶ 新□《がた》県

㊷ □□《とやま》県

㊸ 福□《い》県

㊹ 山□《なし》県

㊺ □□《ぎふ》県

㊻ □□《しずおか》県

㊼ □《あい》知県

㊽ □□《しが》県

㊾ 京都□《ふ》

㊿ □□□《おおさかふ》

51 □《ひょう》庫県

52 □□《なら》県

53 □《おか》山県

54 □《とく》島県

55 □《か》川県

56 □□《えひめ》県

57 福□《おか》県

58 □□《さが》県

59 長□《さき》県

60 □《くま》本県

61 宮□《ざき》県

62 □□□《かごしま》県

63 □□《おきなわ》県

/63

漢字書き

漢字の広場(5)(6)

名前

① □□《がいとう》をつける
② □□《もくてき》
③ □□《ぼくじょう》
④ □□《やさい》
⑤ □《あさ》い
⑥ □□《たてもの》
⑦ 道の□□《りょうがわ》
⑧ □《せい》流
⑨ 学校□□《ふきん》
⑩ 古□□《みんか》
⑪ □□□《はくぶつかん》
⑫ □□□《こうさてん》
⑬ □□《もくざい》
⑭ 会社の□□《そうこ》
⑮ □《ひく》い
⑯ □□《うせつ》
⑰ □□《とほ》
⑱ □□《かいさつ》機
⑲ □□□《ひゃっかてん》
⑳ □□《まつばやし》
㉑ □□《いんさつ》
㉒ □□□《いりょうひん》店
㉓ □《りく》上□□《きょうぎ》場
㉔ □□《かだい》図書
㉕ 副□□《だいじん》
㉖ □《もと》める
㉗ □□《こうがい》病
㉘ □□《せんきょ》運動
㉙ □□《とうひょう》日
㉚ 国会□□《ぎいん》
㉛ 過去と□□《みらい》
㉜ 豊かな□□《しぜん》
㉝ □□《かんしん》をもつ
㉞ □□《すばこ》
㉟ □□《ぐんて》
㊱ □□□《ひこうき》
㊲ □《さく》夜
㊳ 台風で□□《けつびん》になる
㊴ □□《きかい》を動かす
㊵ 城が□□《かんせい》する
㊶ □《あ》びる
㊷ □□《しょうめい》器具
㊸ 赤ちゃんが□《な》く
㊹ 病気を□《なお》す
㊺ 体の□□《きかん》
㊻ けんび□《きょう》
㊼ □《おっと》が□□《きょうりょく》する
㊽ 大阪□《じょう》
㊾ □《しか》せんべい
㊿ □□《まんかい》の桜
51 □□《ぜっけい》
52 □□《うめしゅ》
53 □□《ろうじん》と□《まご》
54 □□□《にっこうよく》

/54

漢字読み

漢字① 読み

● 線が引いてある漢字の読みを書きましょう。

名前

① 想像（　　）
② 経験（　　）
③ 心情（　　）
④ 印象（　　）
⑤ 絶対（　　）
⑥ 厚い（　　）
⑦ 賞状（　　）
⑧ 喜ぶ（　　）
⑨ 理解（　　）
⑩ 内容（　　）
⑪ 技術（　　）
⑫ 適切（　　）
⑬ 許可（　　）
⑭ 複数（　　）
⑮ 構図（　　）
⑯ 桜の花びら（　　）
⑰ 銅メダル（　　）
⑱ 破れる（　　）
⑲ 修復（　　）
⑳ 思いの外（　　）
㉑ 眼科（　　）
㉒ 停車（　　）
㉓ 直ちに（　　）
㉔ 祖父母（　　）
㉕ 赤飯（　　）
㉖ 準備（　　）
㉗ 貿易（　　）
㉘ 国際（　　）
㉙ 愛犬（　　）
㉚ 清潔（　　）
㉛ 質問（　　）
㉜ 報告（　　）
㉝ 所属（　　）
㉞ 確かめる（　　）
㉟ 意識（　　）
㊱ 原因（　　）
㊲ 西部（　　）
㊳ 丸太（　　）
㊴ 造る（　　）
㊵ 似る（　　）
㊶ 限る（　　）
㊷ 留学生（　　）
㊸ 表現（　　）
㊹ 直接（　　）
㊺ 応じる（　　）
㊻ 大勢（　　）
㊼ 氷河（　　）
㊽ 歴史（　　）
㊾ 新幹線（　　）
㊿ 招く（　　）

漢字書き

漢字① 書き

● 漢字を書きましょう。

名前

①気持ちを□□《そうぞう》する

②□□《けいけん》談

③登場人物の□□《しんじょう》

④人の□□《いんしょう》

⑤□□《ぜったい》音感

⑥ぶ□《あつ》い本

⑦□□《しょうじょう》をもらう

⑧□《よろこ》ぶ

⑨□□《りかい》力

⑩話の□□《ないよう》

⑪□□《ぎじゅつ》

⑫□□《てきせつ》

⑬□□《きょか》をとる

⑭□□《ふくすう》

⑮絵の□□《こうず》

⑯□《さくら》の花びら

⑰□《どう》メダル

⑱紙が□《やぶ》れる

⑲□□《しゅうふく》

⑳思いの□《ほか》

㉑□□《がんか》へ行く

㉒□□《ていしゃ》する

㉓□《ただ》ちに

㉔□□□《そふぼ》

㉕□□《せきはん》を食べる

㉖□□《じゅんび》

㉗□□《ぼうえき》を行う

㉘□□《こくさい》的

㉙□□《あいけん》と過ごす

㉚□□《せいけつ》な部屋

㉛□□《しつもん》

㉜□□《ほうこく》書

㉝□□《しょぞく》する

㉞□《たし》かめる

㉟□□《いしき》する

㊱□□《げんいん》を調べる

㊲□□《せいぶ》の国

㊳□□《まるた》を運ぶ

㊴船を□《つく》る

㊵姉と□《に》ている

㊶□《かぎ》る

㊷□□□《りゅうがくせい》

㊸□□《ひょうげん》方法

㊹□□《ちょくせつ》

㊺□《おう》じる

㊻□□《おおぜい》

㊼□□《ひょうが》期

㊽日本の□□《れきし》

㊾□□□《しんかんせん》

㊿□《まね》く

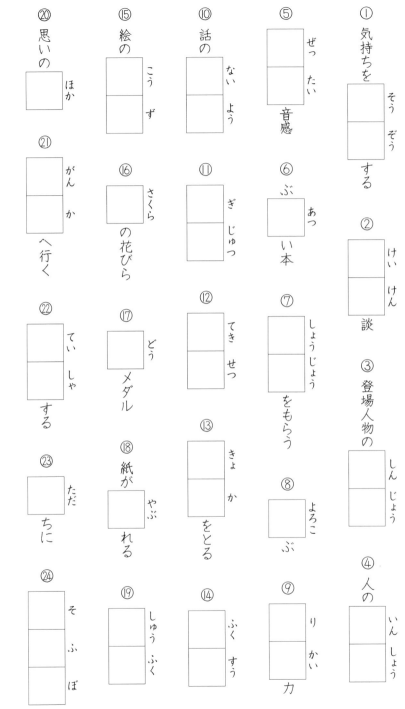

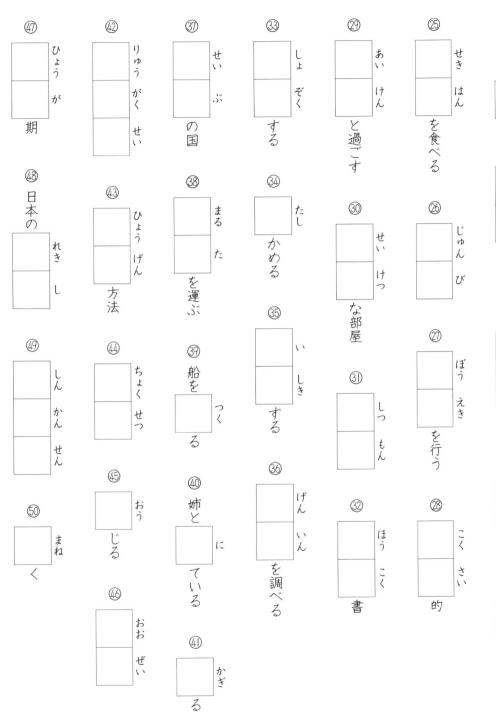

漢字読み

漢字② 読み

線が引いてある漢字の読みを書きましょう。

名前

① 俳句（　　）
② 日常（　　）
③ 順序（　　）
④ 古典（　　）
⑤ 武士（　　）
⑥ 資料（　　）
⑦ 調査（　　）
⑧ 性別（　　）
⑨ 非常口（　　）
⑩ 総合的（　　）
⑪ 測る（　　）
⑫ 計る（　　）
⑬ 校舎（　　）
⑭ 往復（　　）
⑮ 公演（　　）
⑯ 週刊誌（　　）
⑰ 肥料（　　）
⑱ 製糸（　　）
⑲ 牛肉（　　）
⑳ 謝罪（　　）
㉑ 暴風（　　）
㉒ 防風林（　　）
㉓ 鉱石（　　）
㉔ 功績（　　）
㉕ 高い志（　　）
㉖ 男性（　　）
㉗ 航海（　　）
㉘ 夢中（　　）
㉙ 短編集（　　）
㉚ 危険（　　）
㉛ 断言（　　）
㉜ 境界線（　　）
㉝ 角を曲がる（　　）
㉞ 事態（　　）
㉟ 逆方向（　　）
㊱ 裁判（　　）
㊲ 左右（　　）
㊳ 圧力（　　）
㊴ 説得力（　　）
㊵ 比べる（　　）
㊶ 政治（　　）
㊷ 興味（　　）
㊸ 示す（　　）
㊹ 主張（　　）
㊺ 個人（　　）
㊻ 支える（　　）
㊼ 迷う（　　）
㊽ 所在地（　　）
㊾ 独り言（　　）
㊿ 弁当箱（　　）

漢字書き

漢字② 書き

名前

● 漢字を書きましょう。

① □□《はいく》

② □□《にちじょう》

③ □□《じゅんじょ》

④ □□《こてん》を学ぶ

⑤ 日本の□□《ぶし》

⑥ 会議の□□《しりょう》

⑦ □□《ちょうさ》方法

⑧ □□《せいべつ》は男だ

⑨ □□□《ひじょうぐち》

⑩ □□□《そうごうてき》

⑪ 長さを□《はか》る

⑫ タイムを□《はか》る

⑬ 古い□□《こうしゃ》

⑭ □□《おうふく》

⑮ オペラの□□《こうえん》

⑯ □□□《しゅうかんし》

⑰ □□《ひりょう》をまく

⑱ □□《せいし》工場

⑲ □□《ぎゅうにく》

⑳ □□《しゃざい》する

㉑ □□《ぼうふう》注意報

㉒ □□□《ぼうふうりん》

㉓ □□《こうせき》を発見する

㉔ よい□□《こうせき》を残す

㉕ 高い□《こころざし》

㉖ □□《だんせい》と女性

㉗ 太平洋を□□《こうかい》する

㉘ □□《むちゅう》になる

㉙ □□□《たんぺんしゅう》

㉚ □□《きけん》な場所

㉛ □□《だんげん》

㉜ □□□《きょうかいせん》

㉝ □《かど》を曲がる

㉞ 危険な□□《じたい》

㉟ □□□《ぎゃくほうこう》

㊱ □□《さいばん》を行う

㊲ □□《さゆう》

㊳ □□《あつりょく》

㊴ □□□《せっとくりょく》

㊵ □《くら》べる

㊶ □□《せいじ》を行う

㊷ □□《きょうみ》がある

㊸ □《しめ》す

㊹ 山田さんの□□《しゅちょう》

㊺ □□《こじん》の自由

㊻ □《ささ》える

㊼ □《まよ》う

㊽ 県庁□□□《しょざいち》

㊾ □《ひと》り□《ごと》

㊿ □□□《べんとうばこ》

漢字読み

漢字③ 読み

線が引いてある漢字の読みを書きましょう。

名前

① 検索（　　）
② 提供（　　）
③ 寄る（　　）
④ 余り（　　）
⑤ 真面目（　　）
⑥ 仏様（　　）
⑦ 貸す（　　）
⑧ 効果（　　）
⑨ 条件（　　）
⑩ 保つ（　　）
⑪ 評価（　　）
⑫ 賛成（　　）
⑬ 弟の妻（　　）
⑭ 混み合う（　　）（　　）
⑮ 混雑（　　）
⑯ 省略（　　）
⑰ 採集（　　）
⑱ さしみは生物だ（　　）
⑲ 禁止（　　）
⑳ 少女（　　）
㉑ 可能性（　　）
㉒ 過程（　　）
㉓ 豊か（　　）
㉔ 分布（　　）
㉕ 森林（　　）
㉖ 減少（　　）
㉗ 保護（　　）
㉘ 再び（　　）
㉙ 増加（　　）
㉚ 証人（　　）
㉛ 責任（　　）
㉜ 統計資料（　　）
㉝ 二酸化炭素（　　）
㉞ 設定（　　）
㉟ 教授（　　）
㊱ 紀行文（　　）
㊲ 博士（　　）
㊳ 文化財（　　）
㊴ 山脈（　　）
㊵ 組織（　　）
㊶ 建築（　　）
㊷ 旧道（　　）
㊸ 規則（　　）
㊹ 貯金（　　）
㊺ 新型（　　）
㊻ 血液（　　）
㊼ 基本（　　）
㊽ 多大な額（　　）
㊾ 事故（　　）
㊿ 本名（　　）

漢字書き

漢字 ③ 書き

名前

● 漢字を書きましょう。

① ネット□□《けんさく》

② □□《ていきょう》する

③ お店に□《よ》る

④ □《あま》り

⑤ □□□《まじめ》

⑥ □《ほとけ》様

⑦ 本を□《か》す

⑧ □□《こうか》的

⑨ □□《じょうけん》を満たす

⑩ 清潔に□《たも》つ

⑪ □□《ひょうか》が高い

⑫ 意見に□□《さんせい》する

⑬ 弟の□《つま》

⑭ 車内が□《こ》み□《あ》う

⑮ □□《こんざつ》

⑯ □□《しょうりゃく》する

⑰ こん虫□□《さいしゅう》

⑱ さしみは□□《なまもの》だ

⑲ 飲食□□《きんし》

⑳ 五才の□□《しょうじょ》

㉑ □□□《かのうせい》

㉒ 結果よりも□□《かてい》が大切だ

㉓ □《ゆた》か

㉔ □□《ぶんぷ》図

㉕ □□《しんりん》を守る

㉖ 人口□□《げんしょう》

㉗ □□《ほご》犬

㉘ □《ふたた》び

㉙ 人口□□《ぞうか》

㉚ 保□□《しょうにん》

㉛ □□《せきにん》

㉜ □□□□《とうけいしりょう》

㉝ □□□□□《にさんかたんそ》

㉞ □□《せってい》

㉟ 大学□□《きょうじゅ》

㊱ 旅の□□□《きこうぶん》

㊲ □□《はかせ》

㊳ □□□《ぶんかざい》

㊴ □□《さんみゃく》

㊵ 大きな□□《そしき》

㊶ □□《けんちく》

㊷ □□《きゅうどう》を通る

㊸ □□《きそく》を守る

㊹ □□《ちょきん》

㊺ □□《しんがた》ウイルス

㊻ □□《けつえき》

㊼ □□《きほん》

㊽ 多大な□《がく》

㊾ 交通□□《じこ》

㊿ □□《ほんみょう》

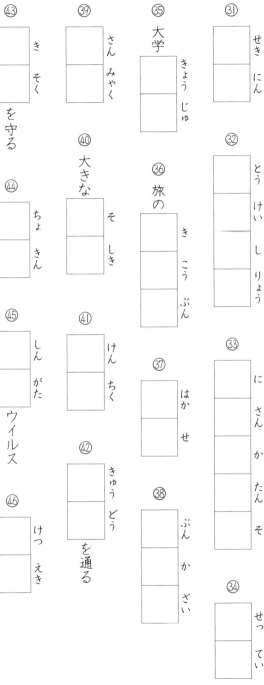

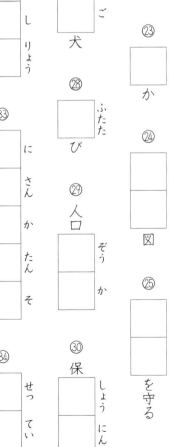

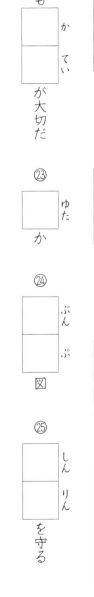

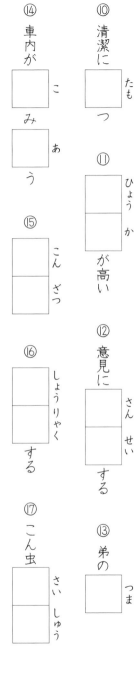

漢字④ 読み

漢字読み

線が引いてある漢字の読みを書きましょう。

名前

① 夫婦
② 救う
③ 本格的
④ 就職
⑤ 移動
⑥ 祖父の墓
⑦ 正義
⑧ 殺し合い
⑨ 貧しい
⑩ 出版社
⑪ 後に
⑫ 述べる
⑬ 仮に
⑭ 飼育
⑮ 綿毛
⑯ 居間
⑰ 永久
⑱ 消毒
⑲ 営業
⑳ 防犯
㉑ 講師
㉒ 精力的
㉓ 清水
㉔ 川原
㉕ 八百屋
㉖ 果物
㉗ 迷子
㉘ 眼鏡
㉙ 下手
㉚ 習慣
㉛ 周囲
㉜ 不利益
㉝ 災害
㉞ 魚市場
㉟ 正夢
㊱ 枝分かれ
㊲ 歩み寄る
㊳ 消費税
㊴ 新制度
㊵ 人工衛星
㊶ 農耕地帯
㊷ 損害保険
㊸ 雪合戦
㊹ 粉ミルク
㊺ 平均
㊻ 輸入
㊼ 少年団
㊽ 事務
㊾ 船旅
㊿ 角笛
51 愉快
52 燃える
53 率いる
54 頭領
55 指導
56 堂々とした

漢字書き

漢字④書き

名前

● 漢字を書きましょう。

① □□《ふうふ》

② 子犬を□《すく》う

③ □□□《ほんかくてき》

④ 会社に□□《しゅうしょく》する

⑤ 場所を□□《いどう》する

⑥ 祖父の□《はか》

⑦ □□《せいぎ》の味方

⑧ □《ころ》し□《あ》い

⑨ □《まず》しい

⑩ □□□《しゅっぱんしゃ》

⑪ □《のち》に

⑫ 意見を□《の》べる

⑬ □《かり》に名前をつける

⑭ □□《しいく》

⑮ □□《わたげ》

⑯ □□《いま》でくつろぐ

⑰ □□《えいきゅう》の別れ

⑱ □□《しょうどく》スプレー

⑲ □□《えいぎょう》

⑳ □□《ぼうはん》グッズ

㉑ □□《こうし》の先生

㉒ □□□《せいりょくてき》な活動

㉓ □□《しみず》

㉔ □□《かわら》の石

㉕ □□□《やおや》

㉖ □□《くだもの》

㉗ □□《まいご》

㉘ □□《めがね》

㉙ □□《へた》な絵

㉚ 勉強の□□《しゅうかん》

㉛ □□《しゅうい》を見わたす

㉜ □□□《ふりえき》

㉝ □□《さいがい》

㉞ □□□《うおいちば》

㉟ □□《まさゆめ》

㊱ □□《えだわ》かれ

㊲ □《あゆ》み□《よ》る

㊳ □□□《しょうひぜい》

㊴ □□□《しんせいど》

㊵ □□□□《じんこうえいせい》

㊶ □□□□《のうこうちたい》

㊷ □□□□《そんがいほけん》

㊸ □□□《ゆきがっせん》

㊹ □《こな》ミルク

㊺ □□《へいきん》

㊻ □□《ゆにゅう》

㊼ □□□《しょうねんだん》

㊽ □□《じむ》仕事

㊾ □□《ふなたび》

㊿ □□《つのぶえ》

(51) □□《ゆかい》

(52) 勝負に□《も》える

(53) □《ひき》いる

(54) サルの□□《とうりょう》

(55) 厳しい□□《しどう》

(56) □□《どうどう》とした

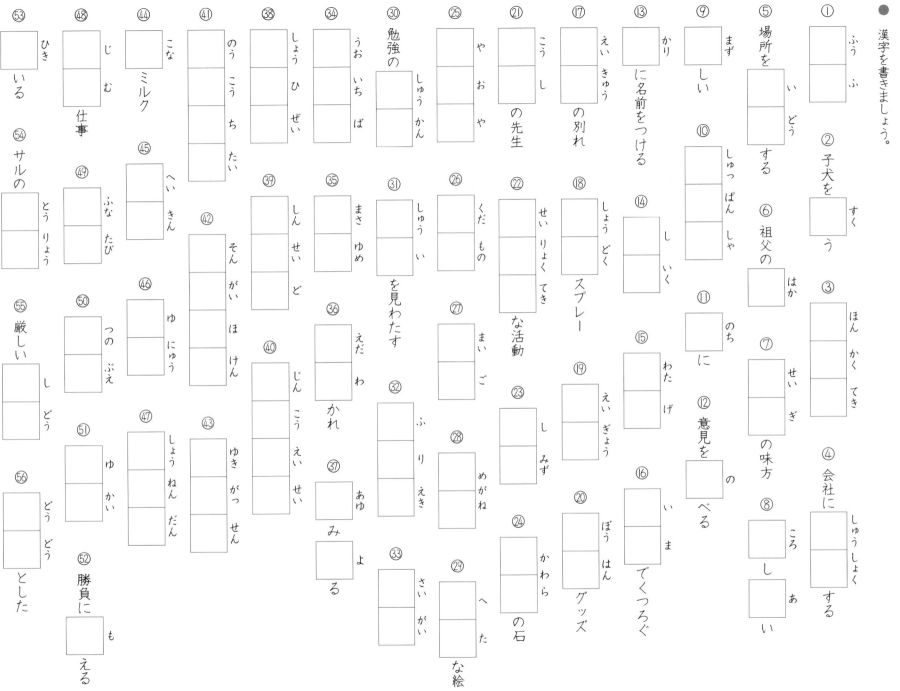

3頁

銀河

名前

あの遠い空にひとすじ、
星たちが、
ぶつかり合い、重なり合い、
河《かわ》のように光っている「銀河《が》」。
牛乳《ぎゅうにゅう》をこぼしたようにも見えるから、
㋐「乳《ちち》の道」とも言うそうだ。
㋑どっちもいい名前だなあ。

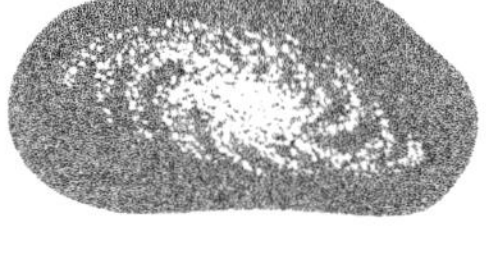

（令和六年度版　光村図書　国語　五　銀河　羽曽部　忠）

1 「銀河」は、どこに見えていますか。(10)

（あの遠い空）

2 「銀河」は、星たちがどのように光っているものだといっていますか。(15×3)

星たちが、（ぶつかり）合い、（重なり）合い、（河のように光っている）銀河。

3 ㋐「乳の道」とも言うそうだとありますが、「銀河」のことをなぜ「乳の道」とも言うのですか。(15)

（牛乳をこぼしたようにも見えるから。）

4 ㋑どっちもいい名前だなあとありますが、何と何がよい名前なのですか。文中から抜き出して、二つ書きましょう。(15×2)

（銀河）
（乳の道）

4頁

かんがえるのって　おもしろい

名前

かんがえるのって　おもしろい
谷川《たにかわ》　俊太郎《しゅんたろう》

㋐かんがえるのって　おもしろい
㋑どこかとおくへ　いくみたい
しらないけしきが　みえてきて
そらのあおさが　ふかくなる
このおかのうえ　㋒このきょうしつは
みらいにむかって　とんでいる

なかよくするって　ふしぎだね
㋓けんかするのも　いいみたい
しらないきもちが　かくれてて
まえよりもっと　すきになる
このおかのうえ　㋔このがっこうは
みんなのちからで　そだってく

（令和六年度版　光村図書　国語　五　銀河　谷川　俊太郎）

1 ㋐かんがえるのって　おもしろいとありますが、「かんがえる」ことをどのようなことに例えていますか。(15)

（どこかとおくへいくこと。）

2 ㋑どこかとおくへ　いくと、どうなるといっていますか。二つ書きましょう。(15×2)

（しらないけしきがみえてくる。）
（そらのあおさが、ふかくなる。）

3 ㋓けんかするのも　いいみたいとありますが、なぜですか。(15)

（しらないきもちがかくれていて、まえよりもっとすきになるから。）

4 ㋒このきょうしつ・㋔このがっこうは、それぞれどうなると書かれていますか。(15×2)

㋒このきょうしつ
（みらいにむかってとんでいる。）

㋔このがっこう
（みんなのちからでそだっていく。）

5 この詩の中で、あなたの心に強くひびいた言葉は何ですか。自由に書きましょう。(10)

（（略））

5頁

銀色の裏《うら》地　①

名前

（これまでのあらすじ）

クラスがえて、（坂本）理緒は、仲よしのあかね、希恵とクラスが分かれた。三人でいても、なんだかもう、二人と一人みたいだった。そんなある日、くじ引きで、理緒は高橋さんととなりの席になった。高橋さんは、理緒が思っていたよりもつんつんしておらず、おもしろい人のようだ。

その日の下校時、理緒は、あかねと希恵が仲よく帰っていくのを見た。これまでだったらすぐに追いかけたはずなのに、理緒は、二人の後ろすがたを見送ることしかできなかった。

㋐「坂本《さかもと》さん、今日、プレーパークに行かない。」

いつからいたのか、ふり向くと、高橋さんが立っている。

「プレーパーク。」

ときき返した理緒に、

「うん。空を見ようと思って。今日は、空を見るのに絶好の天気だから。」

と、高橋さんはほほえんだ。

プレーパークは、児童館のとなりにあるしばふの広場で、遊具もある。けれど、高橋さんは㋑そこで空を見るという。

家への帰り道、理緒はひとりで何度も空を見上げた。プレーパークに向かうときも。

見えるのは、朝と同じくもり空だ。なのに、絶好の天気って、どういうことだろう。㋒不思議に思いながらプレーパークに着くと、高橋さんはもう着いていて、入り口で理緒を待っていた。

「こっちこっち。」

高橋さんは、ずんずんしばふの中に入っていく。理緒がついていくと、高橋さんはためらいもなく横になった。

「坂本さんもやってみて。」

「う、うん。」

わけが分からないまま理緒が横になると、㋓高橋さんがぼそりと何かをつぶやいたのが聞こえた。

「なんて言ったの。」

「銀色の裏地。」

（令和六年度版　光村図書　国語　五　銀河　石井　睦美）

1 ㋐「坂本さん、今日、プレーパークに行かない。」とありますが、高橋さんはプレーパークで何をしようと思ったのですか。文中の高橋さんが言った言葉から一文で抜き出しましょう。(15)

（空を見ようと思って。）

2 ㋑そことは、どこを指していますか。(15)

（プレーパーク）

3 ㋒不思議に思いながらという部分について、答えましょう。

(1) このように思ったのは、誰ですか。(10)

（理緒）

(2) 何を不思議に思ったのですか。(15)

（くもり空なのに、高橋さんが絶好の天気だと言ったこと。）

4 プレーパークでの高橋さんの言動について、正しいものに○、そうでないものに×をつけましょう。(10×3)

（○）ずんずんしばふの中に入っていく。
（×）「う、うん。」と言う。
（○）ぼそりと何かをつぶやく。

5 ㋓高橋さんがぼそりと何かをつぶやいたとありますが、高橋さんは何とつぶやいたのですか。(15)

（「銀色の裏地。」）

6頁

銀色の裏《うら》地　②

名前

今度は聞き取れた。でも、銀色の裏地って、なに。

㋐理緒の疑《ぎ》問に答えるように、高橋さんは空を見上げたまま、こう続けた。

「全ての雲には銀色の裏地がある。これ、外国のことわざなんだけどね。」

「へえ。そうなんだ。」

（あ）「うん。くもっていても、雲の上には太陽があるから、雲の裏側は銀色にかがやいている。だから、銀色の裏地をさがそう。そういう歌があるんだって、おじいちゃんが教えてくれた。くもった――じゃなかった、こまったことがあっても、いやなことがあっても、㋑いいことはちゃんとあるんだって。」

最後のほうを早口で、高橋さんは言った。

もしかして、わたしの気持ちに気づいていたの。そう思ったけれど、理緒は㋒そのことはきかずに、だまってくもり空を見上げ続けた。

あの厚い雲の向こうに太陽はある。だから今も、雲の裏側は銀色にかがやいている。そう想像するのは、㋓とてもすてきなことだった。理緒は、急に今朝のお母さんのことを話したくなった。

「今日って、朝からくもってたでしょ。なのに、うちのお母さんってば、『今日もいい天気。』って言ったんだよ。」

「おもしろいお母さんだね。あ、いいお母さんっていう意味だけど。」

「うん。」

と、理緒は返事をした。㋔はずむような声が出ていた。

（令和六年度版　光村図書　国語　五　銀河　石井　睦美）

1 ㋐理緒の疑問とは、どのようなことですか。(20)

（銀色の裏地とは何かということ。）

2 ㋑いいことはちゃんとあるとありますが、高橋さんはこのことをどのように例えていますか。あの中から、抜き出しましょう。(20)

（雲の上には太陽がある）

3 ㋒そのこととは、どんなことですか。(20)

（高橋さんが理緒の気持ちに気づいていたのではないかということ。）

4 ㋓とてもすてきなことだったとありますが、どんなことがすてきだったのですか。(20)

（厚い雲の向こうに太陽があり、今も雲の裏側は銀色にかがやいていると想像すること。）

5 ㋔はずむような声が出ていたとありますが、なぜはずむような声が出たのでしょうか。あなたの考えを書きましょう。(20)

（例）
（高橋さんと話ができ、しずんでいた気持ちが晴れたから。）

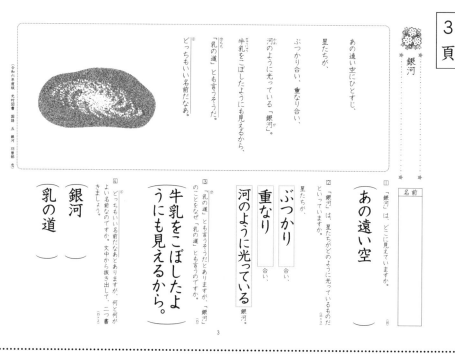

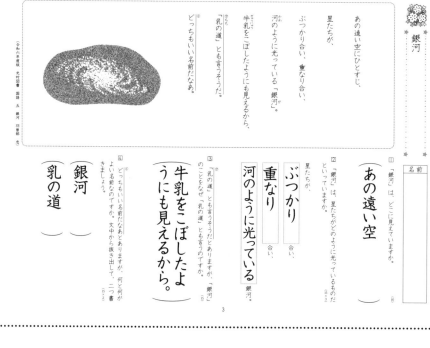

本書の解答は，あくまでもひとつの例です。児童に取り組ませる前に，必ず指導される方が問題を解いてください。指導される方の作られた解答をもとに，児童の多様な考えに寄り添って〇つけをお願いします。

7頁

図書館を使いこなそう

● 多くの図書館では，本は，「日本十進分類法」にしたがって分けられ，たなに整理されています。

㋐日本十進分類法

番号	内容
0	調べるための本（百科事典、新聞など）
1	ものの考え方や心についての本
2	昔のことや　ちいきの本
3	社会の仕組みの本
4	自然に関わる本（星・天気・動物・植物など）
5	技術や機械の本（建物・電気・船など）
6	いろいろな仕事の本
7	芸術（絵・音楽など）や　スポーツの本
8	言葉の本（日本語・外国語など）
9	文学の本（物語・詩など）

※日本十進分類法…日本で考えられた図書資料の分類方法。
※分類…内容や種類によって、グループに分けること。

㋑自然に関わる本

自然科学	40	自然科学
	41	算数
	42	物理学
	43	化学
	44	天文・宇宙《うちゅう》科学
	45	地球・気象科学
	46	生物学
	47	植物学
	48	動物学
	49	体と健康

名前

1 次の本は，日本十進分類法では，どのように分けられますか。上の㋐の表から，数字を選んで書きましょう。（5×10）

（2）北海道の歴史についての本
（4）こん虫についての本
（0）子ども新聞
（9）戦時中の物語
（3）政治についての本
（7）バレエについての本
（8）中国語についての本
（5）ロボット技術についての本
（1）心理学についての本
（6）消防士の仕事についての本

2 「銀河についての本」は，「自然に関わる本」に分類されています。さらにその中で，どのように分けられていますか。㋑の表を見て，番号と分類名を書きましょう。（7×2）

番号 44　天文・宇宙科学

3 次の文章は，「著作権」について説明したものです。（　）にあてはまる言葉を▢から選んで書きましょう。（同じ言葉を何度使ってもかまいません。）（6×6）

（著作物）を作った人がもつ（権利）のことです。適切に引用し，出典をしめす場合や，個人的にかぎられたはんいで使う場合などをのぞいて，（著作物）を使うときには，作った人の（許可）が必要です。許可なしに（無断）で使用したり，変えたりしてはいけません。他の人の（著作物）を自分の表現に用いるときには，気をつけましょう。

許可　著作物　権利　無断

（令和六年度版　光村図書　国語　五　銀河「図書館を使いこなそう」による）

7

8頁

漢字の成り立ち①

名前

1 漢字の成り立ちを考えて，できた漢字を□に書きましょう。（5×10）

・目に見える物の形を，具体的にえがいたもの。

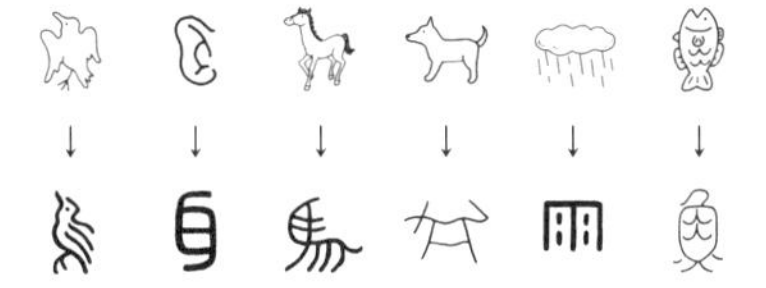

① 魚　② 雨　③ 犬　④ 馬　⑤ 耳　⑥ 鳥

・目に見えない事がらを，印や記号を使って表したもの。

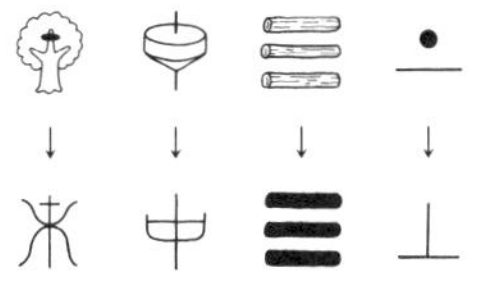

① 上　② 三　③ 中　④ 末

・漢字の意味を組み合わせたもの。

〈例〉日と月　明
① 人と木　休
② 木と木　林
③ 田と力　男

2 次の漢字の，音を表す部分と意味を表す部分をそれぞれ□に書きましょう。（3×10）

① 清　音 青　意味 氵
② 草　音 早　意味 艹
③ 球　音 求　意味 王
④ 週　音 周　意味 辶
⑤ 持　音 寺　意味 扌

8

9頁

漢字の成り立ち②

名前

1 次の漢字を，漢字の成り立ちによって分けます。㋐〜㋓の記号で答えましょう。（4×8）

板（㋓）　末（㋑）
信（㋒）　車（㋐）
本（㋑）　馬（㋐）
際（㋓）　岩（㋒）

㋐ 目に見える物の形を，具体的にえがいたもの。
㋑ 目に見えない事がらを，印や記号を使って表したもの。
㋒ 漢字の意味を組み合わせたもの。
㋓ 音を表す部分と意味を表す部分を組み合わせたもの。

2 同じ成り立ちの漢字を▢から選んで書きましょう。（3×8）

① 象形文字　〈例〉月　山　火
② 指事文字　〈例〉下　立　中
③ 会意文字　〈例〉鳴　国　思
④ 形声文字　〈例〉飯　銅　紙

立　銅　国　山
紙　火　中　思

3 ①，②はそれぞれ「本」「絵」という漢字についての説明です。文章の（　）に入る言葉を後ろの▢から選んで書き入れましょう。（4×6）

① 「本」は（木）の下のほうに（一）のしるしをつけて，木の太い根もとを表した（指事）文字。

② 「絵」は（会）と（糸）を組み合わせてできた（形声）文字。いろいろな色の糸を合わせて，ししゅうをすることから，「え」のことを表す。

会　指事　木
形声　一　糸

4 「本」「絵」を使った熟語をそれぞれ二つずつ書きましょう。（5×4）

① 本（例）（古本）（例）（本屋）
② 絵（例）（絵画）（例）（油絵）

9

10頁

季節の言葉１　春の空

名前

1 「枕草子《まくらのそうし》」（清少納言《せいしょうなごん》）の説明および一節を読んで，答えましょう。

「枕草子」は，作者の清少納言が心に感じたことを，自由に書き記した作品です。清少納言は，この作品の初めに，四つの季節それぞれについて，自分の思いをつづっています。

〈原文〉
春はあけぼの。やうやう《ようよう》白くなりゆく山ぎは，すこしあかりて，紫《むらさき》だちたる雲のほそくたなびきたる。

〈現代語訳〉春は明け方がよい。だんだん白くなっていく山に近いところの空が，少し明るくなって，紫がかった雲が細くたなびいているのがよい。

(1) 次の読みがなを書きましょう。（5×2）
① 枕草子（まくらのそうし）
② 清少納言（せいしょうなごん）

(2) 「枕草子」とは，どんな作品ですか。⑮
（作者の清少納言が心に感じたことを，自由に書き記した作品。）

(3) この作品の初めには，何が書かれていますか。⑮
（四つの季節それぞれについての自分の思い）

(4) 〈現代語訳〉から，次の言葉にあたる部分を抜き出しましょう。（5×2）
㋒ あけぼの（明け方）
㋓ やうやう（だんだん）

(5) 清少納言は，春はいつの頃がよいといっていますか。〈原文〉から四文字で抜き出しましょう。⑩
（あけぼの）

2 次の言葉の意味をしめした文が完成するように，（　）にあてはまる言葉を▢から選んで，〇をつけましょう。（10×4）

① 春風
春にふく（　），おだやかな風のこと。
つめたく　（あたたかく）　すずしく

② 花冷え
（　）のさくころ，急にきびしい寒さがもどり，冷えこむこと。
ひまわり　コスモス　（桜）

③ 春昼《しゅんちゅう》
のどかでのんびりとした，春の（　）。
午前中　（昼間）　夕方

④ 別れ霜《じも》
春の（　）ごろ，最後におりる霜。
（終わり）　初め　中

（令和六年度版　光村図書　国語　五　銀河「季節の言葉１　春の空」による）

10

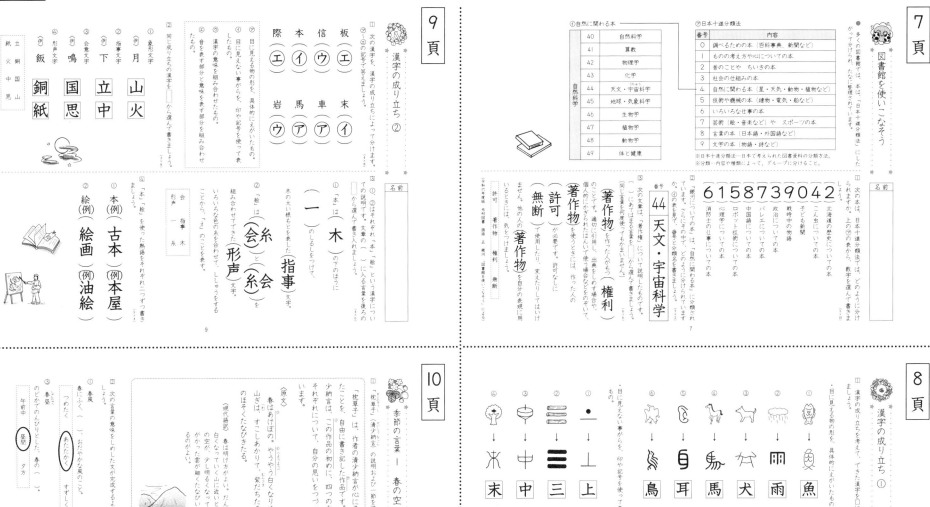

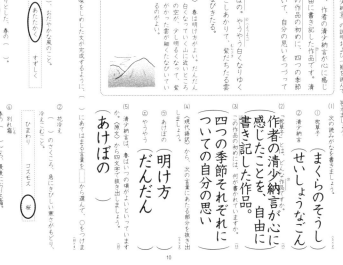

11頁

きいて、きいて、きいてみよう

名前

1 「きき手」「話し手」「記録者」の役割に分かれて、インタビューをし合います。①〜③の役割の人は、それぞれ何をする人ですか。——線で結びましょう。(5×3)

① きき手 —— 質問をしながら、話を聞く。
② 話し手 —— 質問を受けて、話をする。
③ 記録者 —— やり取りを記録し、報告する。

2 「きき手」「話し手」「記録者」の役割の人は、それぞれどんなことに気をつけるとよいですか。（　）に合う言葉を□から選んで書きましょう。(8×5)

① きき手
・（ききたい）ことをはっきりさせる。
・話の流れによって、質問の（順番）を変えてもよい。

② 話し手
・（きき手）が何を知りたいのか考え、その答えを最初に伝える。

③ 記録者
・やり取りを（正確）に聞いて、（要点）をメモに取る。

きき手　ききたい　要点　正確　順番

(令和六年度版　光村図書　国語　五　銀河　「きいて、きいて、きいてみよう」による)

3 次の、インタビューの記録者による報告の文章を読んで、問題に答えましょう。

㋐ 「山下さんと野球」について発表します。
山下さんは、一年生になってすぐに野球を始めました。

㋑ 山下さんには、野球がもっとうまくなりたいという思いがあります。そのきっかけは、プロ野球の選手に声をかけてもらったことだそうです。いつかその選手といっしょにプレーができるように、今は、練習がどんなに大変でも、がんばっているそうです。

㋒ インタビュー中の山下さんの表情は、いつも教室でみんなを楽しませてくれるときとはちがっていました。野球の練習に一生けんめい取り組んでいることが、とてもよく伝わってきました。

(令和六年度版　光村図書　国語　五　銀河　「きいて、きいて、きいてみよう」による)

(1) 右の文章の㋐〜㋒は、それぞれに何について書かれていますか。□から選んで書きましょう。(10×3)

㋐（話し手のしょうかい）
㋑（話題の中心となった所）
㋒（感想）

感想　話題の中心となった所　話し手のしょうかい

(2) ㋒の部分から、記録者は聞いたことの他に、何に注目していたことが分かりますか。文中から抜き出しましょう。(15)

（インタビュー中の山下さんの表情）

12頁

見立てる

①わたしたちは、知らず知らずのうちに、㋐「見立てる」という行為《い》をしている。ここでいう「見立てる」とは、あるものを別のものとして見るということである。たがいに関係のない二つを結び付けるとき、そこには想像力が働いている。

②あや取りを例に考えてみよう。あや取りでは、一本のひもを輪にして結び、手や指にかける。それを、一人で、時には二、三人で、取ったりからめたりして形を作る。そして、ひもが作り出した形に名前がつけられる。これが、見立てるということだ。あや取りで作った形と、その名前でよばれている実在するものとが㋑結び付けられたのである。

③この場合、同じ形に対してつけられる名前が、㋒地域《いき》によってちがうことがある。その土地の自然や人々の生活のしかたなどによって、結び付けられるものがことなるからだ。

④日本でよく知られている写真Aの形は、地域ごとにちがう名前をもっている。「あみ」「田んぼ」「ざる」「たたみ」「かきね」「しょうじ」「油あげ」など、日本各地で名前を集めると、約三十種類にもなる。それぞれの土地の生活と、より関わりの深いものに見立てられた結果といえる。

⑤あや取りは、世界各地で行われている。写真Bは、アラスカの西部で「かもめ」とよばれている形である。しかし、カナダでは、同じ形に対し、真ん中にあるトンネルのような部分が家の出入り口に見立てられ、「ログハウス」（丸太を組んで造った家）などという名前がつけられている。

⑥見立てるという行為は、㋓にささえられている。そして、想像力は、わたしたちを育んでくれた㋔や㋕と深く関わっているのだ。

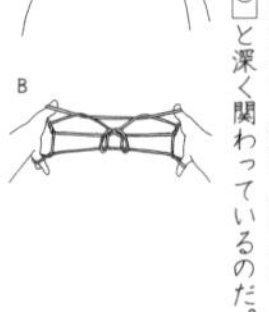

(令和六年度版　光村図書　国語　五　銀河　野口　廣)

名前

1 ㋐「見立てる」とは、どう見るということですか。(10)

（あるものを別のものとして見るということ。）

2 ㋑結び付けられたのであるとありますが、何と何が結び付けられたのですか。(10×2)

（あや取りで作った形）と（その名前でよばれている実在するもの）が

3 ㋒地域によってちがうことがあるとありますが、それはなぜですか。(15)

（その土地の自然や人々の生活のしかたなどによって、結び付けられるものがことなるから。）

4 上の文章で、④段落は、どんな役割の段落ですか。正しい方に○をつけましょう。(10)

（○）事例を挙げて、③段落を説明している段落。
（　）考えをまとめている段落。

5 上の文章の㋓〜㋕にあてはまる言葉を□から選んで書きましょう。(5×3)

㋓（想像力）
㋔（自然（生活））
㋕（生活（自然））

自然　生活　想像力

6 上の文章を「初め」「中」「終わり」の三つに分けます。それぞれにあたる段落番号を書きましょう。(10×3)

初め（①）
中（②・③・④・⑤）
終わり（⑥）

13頁

言葉の意味が分かること ①

あなたが、小さな子どもに「コップ」の意味を教えるとしたら、どうしますか。言葉でくわしく説明しても、子どもはその説明に出てくる言葉を知らないかもしれません。「実物を見せればいい。」と思う人もいるでしょう。㋐、コップには、色や形、大きさなど、さまざまなものがあります。持ち手の付いた小さい赤いコップと、持ち手のない大きなガラスのコップ、どちらをコップとして見せればよいでしょうか。また、㋒コップのような形をしていても、花びんとして作られたものがあるかもしれません。スープを入れる皿にも、コップに似たものがありそうです。そう考えると、使い方も理解してもらわなければなりません。

㋓ここから分かるように、「コップ」という一つの言葉が指すものの中にも、色や形、大きさ、使い方など、さまざまな特徴をもったものがふくまれます。㋑、「コップ」の意味には広がりがあるのです。また、その広がりは、「皿」「わん」「湯のみ」「グラス」「カップ」といった他の食器や、「花びん」のような他の似たものを指す言葉との㋔関係で決まってくるのです。

(令和六年度版　光村図書　国語　五　銀河　今井　むつみ)

名前

1 ㋐・㋑にあてはまる言葉を□から選んで書きましょう。(10×2)

㋐（しかし）
㋑（つまり）

つまり　また　しかし

2 ㋒コップのような形をしていても、コップとして作られていないものの例を、二つ文中から抜き出しましょう。(15×2)

（花びんとして作られたもの）
（スープを入れる皿）

3 ㋓ここから何が分かりますか。(10)

（「コップ」という一つの言葉が指すものの中にも、色や形、大きさ、使い方など、さまざまな特徴をもったものがふくまれるということ。）

4 「コップ」という言葉の意味の広がりは、どんな言葉との㋔関係で決まってくるのですか。次に合うように、文中から抜き出しましょう。(5×2)

他の食器や
他の似たものを指す言葉
との関係

5 4について、具体的にどんな言葉が挙げられていますか。文中から抜き出しましょう。(5×6)

（皿）（わん）（湯のみ）（グラス）（カップ）（花びん）

14頁

言葉の意味が分かること ②

わたしたちが新しく言葉を覚えるときには、物や様子、動作と、言葉とを、一対一で結び付けてしまいがちです。㋐これは、言葉の意味を「点」として考えているといえます。しかし、言葉の意味には広がりがあり、言葉を適切に使うためには、そのはんいを理解する必要があります。つまり、母語でも外国語でも、㋑言葉を学んでいくときには、言葉の意味を「面」として理解することが大切になるのです。

さらに、㋒言葉の意味を「面」として考えることは、ふだん使っている言葉や、ものの見方を見直すことにもつながります。あなたは、これまでに、「かむ」と「ふむ」が似た意味の言葉だと思ったことはありましたか。どうしてスープは「食べる」ではなく、「飲む」というのか、考えたことがありましたか。㋓これらの例は、知らず知らずのうちに使い分けている言葉を見直すきっかけとなります。そして、わたしたちが自然だと思っているものの見方が、決してあたりまえではないことにも気づかせてくれます。みなさんは、これからも、さまざまな場面で言葉を学んでいきます。また、英語やその他の外国語も学んでいくでしょう。そんなとき、「言葉の意味は㋔である」ということについて、考えてみてほしいのです。

(令和六年度版　光村図書　国語　五　銀河　今井　むつみ)

名前

1 ㋐これとは、何のことですか。(15)

（新しく言葉を覚えるときに物や様子、動作と、言葉とを、一対一で結び付けてしまいがちなこと。）

2 ㋑言葉を学んでいくとき、どのように理解することが大切になりますか。それぞれ当てはまる言葉を、漢字一文字で□に書きましょう。(15×2)

言葉の意味を「点」ではなく、「面」として理解すること。

3 ㋒言葉の意味を「面」として考えることは、何につながりますか。(15)

（ふだん使っている言葉や、ものの見方を見直すこと。）

4 ㋓これらの例とは、どんなことですか。二つ書きましょう。(15×2)

（「かむ」と「ふむ」が似た意味の言葉だ）と思ったこと
（どうしてスープは「食べる」ではなく、「飲む」というのか）と考えたこと

5 ㋔にあてはまる漢字一文字を、文中から抜き出して書きましょう。(10)

（面）

解答例

本書の解答は，あくまでもひとつの例です。児童に取り組ませる前に，必ず指導される方が問題を解いてください。指導される方の作られた解答をもとに，児童の多様な考えに寄り添って○つけをお願いします。

15頁

敬語《けい》①

名前

□1 次の文章は，「ていねい語」「尊敬語」「けんじょう語」の三種類の敬語について説明したものです。（　）に合う言葉を□から選んで書きましょう。（6×6）

① ていねい語は，物事をていねいに言うことで，（相手）に対する敬意を表す。
「（です）（ます）」，「（ます）（です）」，「ございます」などの言葉を使う。

② 尊《そん》敬語は，相手や話題になっている人を（高める）ことで，敬意を表す。

③ けんじょう語は，自分や（身内）の動作を（けんそん）することで，動作を受ける人への敬意を表す。

高める　です　けんそん
相手　身内　ます

□2 文中の――線の言葉を，ていねいな言い方（ていねい語）に書きかえましょう。（6×4）

① わたしは，春がすきだ。（すきです）
② お父さんが魚をつった。（つりました）
③ 「いっしょに歌おう。」（歌いましょう）
④ 「ありがとう。」（ありがとうございます）

□3 文中の――線の言葉を，【　】の言い方の尊敬語を使って書きかえましょう。（5×4）

① 校長先生が話す。【お――になる】（お話しになる）
② おばさんがお茶を飲む。【お――になる】（お飲みになる）
③ 先ぱいが答辞を読む。【――れる】（読まれる）
④ 卒業おめでとうございます。【「ご」を付けた言い方】（ご卒業）

□4 文中の――線の言葉を，「お（ご）――する」（けんじょう語）を使って書きかえましょう。（5×4）

① 市長に書類をわたす。（おわたしする）
② お客様のカバンを持つ。（お持ちする）
③ おじさんを駅まで見送る。（お見送りする）
④ 先生に解き方をたずねる。（おたずねする）

15

16頁

敬語《けい》②

名前

□1 文中の――線の言葉を□の中の特別な言葉（敬語）を使って，書きかえましょう。（7×8）

① 教頭先生はいますか。（いらっしゃいますか）
② おばさんがプレゼントをくれた。（くださった）
③ ぼくは，先生の家へ行く。（うかがう）
④ わたしは，おみやげのおかしを食べる。（いただく）
⑤ 先生が家に来る。（おこしになる）
⑥ お客様がケーキを食べる。（めし上がる）
⑦ 市長にお礼を言う。（申し上げる）
⑧ ピアノの先生に花束をあげる。（差し上げる）

めし上がる　いらっしゃいますか　申し上げる　差し上げる　うかがう　いただく　くださった　おこしになる

□2 次の特別な言葉を使った言い方の尊敬語，けんじょう語について，それぞれ意味の合うものを線で結びましょう。（8×2）

①

いらっしゃる	いる・来る・行く
おっしゃる	言う
くださる	くれる
ごらんになる	見る

②

うかがう	行く・たずねる・聞く
いただく	食べる・もらう
申し上げる	言う
差し上げる	あげる

□3 文中の――線の言葉を，【　】の種類の敬語に書き直しましょう。（7×4）

① 社長が家に帰る。【尊敬語】（お帰りになる／帰られる）
② 校長先生の話を聞く。【けんじょう語】（うかがう／お聞きする）
③ ここにプリンが二つある。【ていねい語】（あります）
④ 先生の言う通りです。【尊敬語】（おっしゃる／言われる）

16

17頁

日常を十七音で

名前

□1 次の文章は，俳句とは何かについて説明したものです。（　）にあてはまる言葉を□から選んで書きましょう。（同じ言葉を何度使ってもかまいません。）（5×9）

・俳句は，生活の中での発見やおどろき，（心）が動いたことについて，（五）・（七）・（五）の（十七）音で感動を伝えるものである。
・俳句では，（季語）という，季節を表す言葉を使って，季節感を表現する。
・俳句では，「きれいだな」「たのしいな」のような，気持ちを（直接）表す言葉をなるべく使わずに表現する。
・俳句では，小さな「っ」やのばす音，「ん」も，（一）音と数える。また，小さな「ゃ・ゅ・ょ」は，（前）の字と合わせて一音と数える。

直接　季語　心　前
七　一　五　十七

□2 次の言葉は，春夏秋冬のどの季節を表しますか。（　）に春夏秋冬のいずれかを書きましょう。（2×10）

① 雪（冬）　② 桜（春）
③ どんぐり（秋）　④ 金魚（夏）
⑤ 入学（春）　⑥ ひまわり（夏）
⑦ お年玉（冬）　⑧ こおろぎ（秋）
⑨ 夕立（夏）　⑩ うぐいす（春）

□3 次の俳句には，どのような工夫がされていますか。㋐〜㋒から選んで，（　）に記号を書きましょう。（5×3）

①（㋒）すずらんのりりりりりりと風に在《あ》り（日野《ひの》　草城《そうじょう》）
②（㋑）を《(お)》りとりてはらりとおもきすすきかな（飯田《いいだ》　蛇笏《だこつ》）
③（㋐）行《ゆ》く秋やつくづくおしと鳴くせみか（小林《こばやし》　一茶《いっさ》）

㋐ 言葉の順序を工夫している。
㋑ 平仮名だけて表現している。
㋒ 特徴的な様子を表す言葉を使っている。

（令和六年度版　光村図書　国語　五　銀河　「日常を十七音で」による）

□4 次の㋐，㋑の俳句で，作者がそれぞれ特に注目しているものは，何ですか。□にあてはまる言葉を俳句から抜き出しましょう。（10×2）

㋐ 行く秋やつくづくおしと鳴くせみか
㋑ 行く秋やつくづくおしと蝉の鳴く
小林　一茶

（令和六年度版　光村図書　国語　五　銀河　「日常を十七音で」による）

㋐ 鳴くせみ
㋑ 蝉の鳴く 声

17

18頁

古典の世界（一）①

竹取物語

〈原文〉

今は昔、竹取の翁《おきな》といふ《(う)》ものありけり。野山にまじりて竹を取りつつ、㋐よろづ《(ず)》のことに使ひ《(い)》けり。名をば、さぬきのみやつことなむ《(ん)》いひ《(い)》ける。

その竹の中に、もと光る竹なむ《(ん)》一筋《ひとすじ》ありける。㋑あやしがりて、寄《よ》りて見るに、筒《つつ》の中光りたり。それを見れば、三寸《ずん》ばかりなる人、㋒いとうつくしう《(しゅう)》てゐ《(い)》たり。

〈現代語訳〉 昔、竹取の翁とよばれる人がいた。翁は、㋓野山に分け入って竹を取っては、いろいろな物を作るのに使っていた。名前を「さぬきのみやつこ」といった。

ある日のこと、その竹林の中に、㋔根元の光る竹が一本あった。不思議に思って、近寄って見ると、筒の中が光っている。それを見ると、㋕手にのるくらいの小さな人が、とてもかわいらしい様子ですわっていた。

（令和六年度版　光村図書　国語　五　銀河　「古典の世界（一）」による）

名前

□1 次の文章は，「竹取物語」について説明したものです。（　）にあてはまる言葉を□から選んで書きましょう。（10×3）

「竹取物語」は，今から（千年）以上前に書かれた物語で，今は，「（かぐやひめ）」の名でも知られている。現実には起こらないような（不思議な）出来事が書かれている。

かぐやひめ　一万年　怖い
千年　不思議な　しらゆきひめ

□2 〈現代語訳〉から，次の言葉にあたる部分を抜き出しましょう。（10×3）

㋐ よろづのことに使ひけり（いろいろな物を作るのに使っていた）
㋑ あやしがりて（不思議に思って）
㋒ いとうつくしうてゐたり（とてもかわいらしい様子ですわっていた）

□3 〈原文〉から，次の言葉にあたる部分を抜き出しましょう。（10×3）

㋓ 野山に分け入って（野山にまじりて）
㋔ 根元の光る竹（もと光る竹）
㋕ 手にのるくらいの小さな人（三寸ばかりなる人）

□4 翁が光っている竹筒の中で見た人は，どんな様子でしたか。〈原文〉から抜き出しましょう。（10）

（いとうつくしうてゐたり）

18

19頁

古典の世界（一）②

名前

平家物語《へいけものがたり》

〈原文〉

㋐祇園精舎《ぎおんしょうじゃ》の鐘《かね》の声、
諸行無常《しょぎょうむじょう》の響《ひび》きあり。
㋑沙羅双樹《しゃらそうじゅ》の花の色、
盛者必衰《じょうしゃひっすい》の理《ことわり》をあらはす。
㋒おごれる人も㋓久《ひさ》しからず、
ただ春の夜《よ》の夢《ゆめ》のごとし。
㋔たけき者もつひに㋕は滅《ほろ》びぬ、
㋖ひとへに風の前の塵《ちり》に同じ。

〈現代語訳〉　祇園精舎の鐘の音は、「㋗全ての物事はうつり変わる」ということを人に思い起こさせる響きがある。沙羅双樹の花のすがたは、㋘勢いのさかんな者もいつかはおとろえるという道理をしめしている。おごり高ぶる人も長くは続かず、ただ春の夜の夢のようにはかない。強い者も最後には滅びる。まさに風にふき飛ぶ塵と同じである。

（令和六年度版　光村図書　国語　五　銀河　「古典の世界（一）」による）

1 次の文章は、「平家物語」について説明したものです。（　）にあてはまる言葉を□から選んで書きましょう。（5×4）

「平家物語」は、（平家）とよばれる武士の（一族）が、栄え、そして、（滅んで）ゆくさまを書いた作品である。（うつり変わる）時代と、人々のすがたが書かれている。

滅んで　平家　一族　源家
変わらない　うつり変わる

2 ㋐・㋑について、〈原文〉を見て答えましょう。（10×2）

① ㋐祇園精舎の鐘の声は、どんな響きがありますか。
（諸行無常）の響き

② ㋑沙羅双樹の花の色は、どんな道理をしめしていますか。
（盛者必衰）の理

3 〈現代語訳〉から、次の言葉にあたる部分を抜き出しましょう。（10×4）

㋒ おごれる人
（おごり高ぶる人）

㋓ 久しからず
（長くは続かず）

㋔ たけき者
（強い者）

㋕ ひとへに
（まさに）

4 〈原文〉から、次の言葉にあたる部分を抜き出しましょう。（10×2）

㋖ 全ての物事はうつり変わる
（諸行無常）

㋗ 勢いのさかんな者もいつかはおとろえるという道理
（盛者必衰の理）

20頁

古典の世界（一）③

名前

1 「方丈記《ほうじょうき》」について、次の問いに答えましょう。

方丈記　鴨長明《かものちょうめい》

〈原文〉

ゆく河の流れは絶えずして、しかも㋐もとの水にあらず。よどみに浮《う》かぶうたかたは、㋑かつ消え、かつ結びて、久しくとどまりたるためしなし。㋒世の中にある人とすみかと、またかくのごとし。

〈現代語訳〉　㋓川の流れは絶えることがなく、しかも同じ水が流れているのではない。よどんだ所に浮かぶあわは、こちらで消えては、あちらで生まれ、㋔同じあわがずっとそのままということはない。この世の中の人間も住居《きょ》も、これと同じだ。

（令和六年度版　光村図書　国語　五　銀河　「古典の世界（一）」による）

(1) 〈現代語訳〉から、次の言葉にあたる部分を抜き出しましょう。（10×3）

㋐ もとの水にあらず
（同じ水が流れているのではない）

㋑ かつ消え、かつ結びて
（こちらで消えては、あちらで生まれ）

㋒ 世の中にある人とすみか
（この世の中の人間も住居）

(2) 〈原文〉から、次の言葉にあたる部分を抜き出しましょう。（10×2）

㋓ 川の流れは絶えることがなく
（ゆく河の流れは絶えずして）

㋔ 同じあわがずっとそのままということはない
（久しくとどまりたるためしなし）

2 「徒然草《つれづれぐさ》」について、次の問いに答えましょう。

徒然草　兼好法師《けんこうほうし》

〈原文〉

㋐つれづれなるままに、日暮《ぐ》らし、硯《すずり》に向かひて、心にうつりゆく㋑よしなし事《しゅう》を、そこはかとなく書きつくれば、㋒あやしうこそ㋓ものぐるほしけれ。

〈現代語訳〉　することがなく、たいくつであるのにまかせて、㋔一日中、硯に向かいながら、心に次々と浮かんでは消えていく、とりとめもないことを、㋕何という当てもなく書きつけていると、みょうに心がみだれて、落ち着いていられない。

（令和六年度版　光村図書　国語　五　銀河　「古典の世界（一）」による）

(1) 〈現代語訳〉から、次の言葉にあたる部分を抜き出しましょう。（10×3）

㋐ つれづれなるままに
（することがなく、たいくつであるのにまかせて）

㋑ よしなし事
（とりとめもないこと）

㋒ あやしうこそものぐるほしけれ
（みょうに心がみだれて、落ち着いていられない）

(2) 〈原文〉から、次の言葉にあたる部分を抜き出しましょう。（10×2）

㋓ 一日中
（日暮らし）

㋔ 何という当てもなく
（そこはかとなく）

21頁

同じ読み方の漢字①

名前

1 次の文に合う漢字を選んで、○をつけましょう。（5×8）

① 新しいビルが〔（　）立つ　（○）建つ〕。
② 王様が国を〔（　）修める　（○）治める〕。
③ はさみで紙を〔（○）切る　（　）着る〕。
④ 夜中に目が〔（　）冷める　（○）覚める〕。
⑤ 山田さんと気が〔（○）合う　（　）会う〕。
⑥ 住居を東京に〔（　）写す　（○）移す〕。
⑦ 長い夜が〔（　）空ける　（○）明ける　（　）開ける〕。
⑧ 新しいカバンに〔（○）変える　（　）代える　（　）帰る〕。

2 次の文の□にあてはまるように、同じ読み方のことなる漢字をそれぞれ書きましょう。（5×12）

① ペットを［飼］《か》う。／新しい服を［買］《か》う。
② 自分の考えを言葉で［表］《あらわ》す。／犯人が正体を［現］《あらわ》す。
③ 兄は、朝起きるのが［早］《はや》い。／弟は、走るのが［速］《はや》い。
④ ［熱］《あつ》いコーヒーを飲む。／今年の夏は、とても［暑］《あつ》い。／父は、［厚］《あつ》い本を読む。
⑤ ろう下の長さを［測］《はか》る。／マラソンのタイムを［計］《はか》る。／弟の体重を［量］《はか》る。

22頁

同じ読み方の漢字②

名前

1 次の文に合う熟語を選んで、○をつけましょう。（5×8）

① オリンピックの〔（　）協議　（○）競技〕を決める。
② 新しい映画が〔（○）公開　（　）航海〕される。
③ 委員長の意見に〔（　）参政　（○）賛成〕する。
④ 〔（　）最新　（○）細心〕の注意をはらう。
⑤ 二人は、〔（　）対象　（○）対照〕的な性格だ。
⑥ 長いテストから〔（○）解放　（　）開放〕される。
⑦ この問題は〔（　）用意　（○）容易〕である。
⑧ 勝負の〔（　）名案　（○）明暗〕が分かれる。

2 次の文の□にあてはまるように、同じ読み方のことなる熟語をそれぞれ書きましょう。（5×12）

① ［公園］《こうえん》で散歩をする。／オペラの［公演］《こうえん》を見る。
② 一［週間］《しゅうかん》、旅行へ行く。／勉強する［習慣］《しゅうかん》を身に着ける。
③ ［工場］《こうじょう》見学へ行く。／［向上］《こうじょう》心を持って、取り組む。
④ ［自身］《じしん》の失敗を反省する。／自分に［自信］《じしん》を持つ。
⑤ ［暴風］《ぼうふう》がふきあれる。／［防風］《ぼうふう》林を設置する。
⑥ 山本さんは、［意外］《いがい》と力持ちだ。／算数［以外］《いがい》は、得意だ。

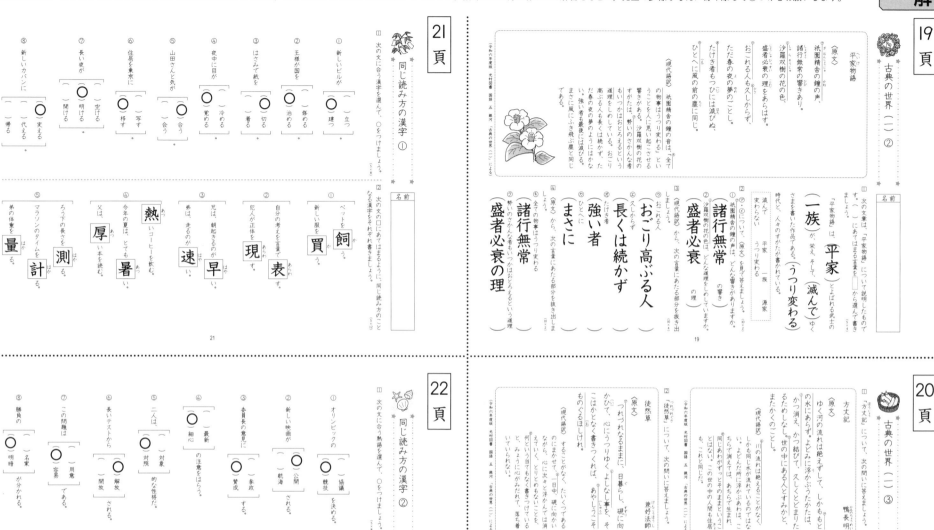

解答例

本書の解答は，あくまでもひとつの例です。児童に取り組ませる前に，必ず指導される方が問題を解いてください。指導される方の作られた解答をもとに，児童の多様な考えに寄り添って○つけをお願いします。

23頁

季節の言葉２　夏の夜

名前

1 「枕草子《まくらのそうし》」（清少納言《せいしょうなごん》）の一節を読んで、答えましょう。

〈原文〉
　夏は夜。㋐月のころはさらなり、闇《やみ》もなほ《お》、蛍《ほたる》の多く飛びちがひ《い》たる。また、ただ一つ二つなど、㋑ほのかにうち光りて行くもをかし《お》。雨など降《ふ》るもをかし《お》。

〈現代語訳〉　夏は夜がよい。月のころは言うまでもないが、㋒月のない闇夜でもやはり、蛍がたくさん飛びかっているのはよい。ただ一ぴき二ひきと、かすかに光りながら飛んでいくのも、㋓しみじみとしてよい。雨などが降るのもよいものである。

(1) 〈現代語訳〉から、次の言葉にあたる部分を抜き出しましょう。(10×2)

㋐ 月のころはさらなり
（月のころは言うまでもない）

㋑ ほのかにうち光りて
（かすかに光りながら）

(2) 〈原文〉から、次の言葉にあたる部分を抜き出しましょう。(10×2)

㋒ 月のない闇夜でもやはり
（闇もなほ）

㋓ しみじみとしてよい
（をかし）

(3) 清少納言は、夏はいつの頃がよいといっていますか。〈原文〉から一文字で抜き出しましょう。(5)

（夜）

(4) 夏の夜におもむきがあるものを、〈現代語訳〉から三つ抜き出しましょう。(5×3)

（月）（蛍）（雨）

2 次の言葉の意味をしめした文が完成するように、（　）にあてはまる言葉を□から選んで、○をつけましょう。(10×4)

① 炎《えん》天
（　）と焼けつくような真夏の空のこと。

あかあか　**ぎらぎら**（○）　きらきら

② 涼風《すずかぜ》
夏の終わりごろにふく、（　）風のこと。「りょうふう」ともいう。

強い　あたたかい　**すずしい**（○）

③ 日盛《ざか》り
太陽が照りつける、夏の（　）の暑いさかり。

午後（○）　午前　夕方

④ 夕涼《すず》
夕方の（　）時間帯。夕すずみ。

暑い　**すずしい**（○）　あたたかい

（令和六年度版　光村図書　国語　五　銀河　「季節の言葉２　夏の夜」による）

24頁

作家で広げるわたしたちの読書

名前

● 作家（本を書いた人）に着目して読んだ本を、友達としょうかいし合います。次のしょうかいカードの文章を読んで、問題に答えましょう。

しょうかいカード

ミヒャエル＝エンデの本

思わず夢中になる、不思議な物語。

「モモ」表紙　　「魔法の学校」表紙

㋐「モモ」
　モモという女の子が、時間どろぼうにぬすまれた時間を取りもどしに行く物語です。とてもわくわくするファンタジーですが、時間の使い方や生き方についても考えさせられる本です。

㋑「魔法の学校」
　短くて、楽しいお話がたくさん入った短編集です。わたしが特におすすめするのは、「テディベアとどうぶつたち」というお話です。ぬいぐるみのテディに共感して、笑ったり、考えたりしてしまいます。

（令和六年度版　光村図書　国語　五　銀河　「作家で広げるわたしたちの読書」による）

1 何という作家をしょうかいしているカードですか。(15)

（ミヒャエル＝エンデ）

2 右のカードには、しょうかいしている作家の本のみりょくを、分かりやすく伝えるキャッチコピーが書いてあります。カードの中から抜き出しましょう。(15)

（思わず夢中になる、不思議な物語。）

3 次の文は、右のしょうかいカードの㋐・㋑どちらを説明したものですか。それぞれ記号を書きましょう。(8×2)

（イ）短編集である。
（ア）モモという女の子が出てくる物語である。

4 右のしょうかいカードを書いた人は、「モモ」を読んで、何を考えさせられる本だと述べていますか。(15)

（時間の使い方や生き方について）

5 右のしょうかいカードを書いた人は、「魔法の学校」を読んで、だれに共感したと述べていますか。(15)

（ぬいぐるみのテディ）

6 次の文章は、「読みたい本の見つけ方」について書かれたものです。（　）にあてはまる言葉を□から選んで書きましょう。(8×3)

・作家や（ジャンル）に着目する。
・（あらすじ）を読む。
・図書館や（友達）がすすめるものから選ぶ。

あらすじ　友達　ジャンル

（令和六年度版　光村図書　国語　五　銀河　「作家で広げるわたしたちの読書」による）

25頁

モモ　①

名前

● 教科書の「モモ」の次の文章を読んで、答えましょう。

登場人物
モモ…人の話を聞くのがとても上手な女の子
カメ…モモをどこかへ連れていく不思議なカメ
「時間貯蓄《ちょちく》銀行」の灰《はい》色の男たち…町の人々から「時間」をぬすんでいる

教科書〔町の人々から「時間」を…〕～〔…どこかへ連れていくようです。〕

1 「モモ」は、かれらから町の人々をすくおうと考えましたとありますが、「かれら」とは誰のことですか。(10)

（灰色の男たち）

教科書〔「ねえ、カメさん。」と、モモは…〕～〔…地下室まで通りぬけたのです。〕

2 カメの背《せ》中に文字がうかんだとき、なぜモモは「心配なんかしてないわ。」と言ったのですか。(10)

（自分を元気づけるため。）

3 それはむしろ、自分を元気づけるためでしたとありますが、なぜですか。(10)

（本当は少し心配になっていたから。）

教科書〔もしモモが、灰色の男の大軍が…〕～〔…「ね、そう思わない。」〕

4 そんなこととは夢にも思いませんでしたとありますが、そんなこととはどんなことですか。(15)

（灰色の男の大軍が自分を追跡し、さがしていること。）

5 それがよかったのですとありますが、それとはどんなことですか。(15)

（カメの後について、一歩一歩、しんぼう強く歩いていったこと。）

6 今度はいつ、どこに追っ手が現れるかとありますが、追っ手とは誰のことですか。(10)

（灰色の男たち）

7 そんなことはつゆ知らぬモモとありますが、「つゆ知らぬ」とはどんな意味ですか。正しいものに○をつけましょう。(10)

（　）よく知っている
（　）知りたくない
（○）全然知らない

教科書〔カメのこうらに、注意信号の…〕～〔…人っ子一人いません。〕

8 でも、注意にしたがいましたとありますが、どのような注意ですか。文中から四文字で抜き出しましょう。(10)

シズカニ

9 人っ子一人いませんとありますが、どんな意味ですか。正しいものに○をつけましょう。(10)

（　）人が少ししかいない
（　）人が一人いる
（○）人が誰もいない

26頁

モモ　②

名前

● 教科書の「モモ」の次の文章を読んで、答えましょう。

教科書〔時間貯蓄銀行の本部に、…〕～〔…灰色の声が答えました。〕

1 われわれにも分かりませんとありますが、「われわれ」とは誰のことですか。(10)

（　）「時間貯蓄銀行」の本部の人
（○）「時間貯蓄銀行」のモモを追いかけている灰色の男たち

2 どうもおかしなことですとありますが、どんなことですか。(15)

（モモが急に地面にのみこまれ、それっきり、ゆくえが分からないこと。）

3 子どもはその境界線に向かってゆきましたとありますが、何の境界線ですか。(10)

（時間の境界線）

教科書〔最初、モモは、夜が明け始めた…〕～〔…白いたまご。それだけです。〕

4 この不思議な光は、とつぜんに、いつやって来たのですか。(10)

（角を曲がってこの通りに入った瞬間。）

5 そのかげが、それぞれみんなちがう方向にのびているとありますが、なぜですか。(15)

（光があらゆる方向からいちどきにふり注いでいるから。）

6 その記念碑《ひ》は、どんな色でどんな形をしていましたか。(10)

（黒い、真っ四角の石の台の上に、ものすごく大きな白いたまごがのっているもの。）

教科書〔けれど、建物のほうも、これまで…〕～〔…進むのにびっくりしました。〕

7 けれど、建物のほうも、これまでモモが見たものとはまるっきりちがっていましたについて、答えましょう。(5×2)

① どんな建物でしたか。正しいものに二つ○をつけましょう。

（○）目のくらむほどの白さの建物
（　）まどのおくが真っ暗で、人が住んでいる建物
（○）人が住んでいるかどうか分からない建物

② モモは、その建物を何のために造られたものだと思いましたか。(10)

（住むためのものではなくて、何か別の、よく分からない不思議な目的のために造られたもの。）

8 ここの通りは見わたす限り空っぽで、動きが全くありませんとありますが、このことは何のようだと書かれていますか。(10)

（まるでガラスケースにでもおさまっているようだ。）

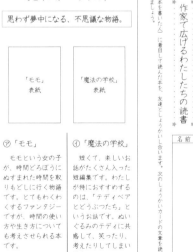

27頁

モモ ③

● 教科書の「モモ」の次の文章を読んで，答えましょう。

教科書〔この不思議な地区の外側の，…〕〜〔…入っていったのを，目撃《げき》した男です。〕

1 三台のしゃれた車がライトを光らせてとありますが，三台のしゃれた車に乗っているのは誰ですか。(10)

（灰色の男たち）

教科書〔ところが，車がその曲がり角まで来ると，…〕〜〔…急ぐことはもうありません。〕

2 なんともわけの分からない事態が起こりましたとありますが，どんなことですか。(10)

（急に，車がちっとも前に進まなくなったこと。）

3 灰色の男たちはこれに気がつくとありますが，これとは何ですか。(10)

（車の速度を上げれば上げるほど，ますます進まなくなること。）

4 「ちくしょう。」とさけびながらとありますが，灰色の男たちはどんな気持ちで言ったのでしょうか。正しいものに○をつけましょう。(10)

（　）はずかしい気持ち
（　）悲しい気持ち
（○）腹立たしい気持ち

5 車から飛び出して，灰色の男たちは何をしようとしましたか。(10)

（モモを，自分の足で追いかけようとした。）

6 灰色の男たちが「おしまいだ。もうつかまえられっこない。」と言ったのはなぜですか。(10)

（自分たちが進めない上に，モモが白い建物のならぶ道のはるかかなたに消えていたから。）

7 「わたしも分からん。」とありますが，何が分からないのですか。(10)

（灰色の男たちが前に進めない理由。）

8 斟酌《しんしゃく》してもらえるかどうかだについて，答えましょう。(5×2)

① 「斟酌してもらえる」の意味として，正しいものに○をつけましょう。

（○）事情をくみ取ってもらえる
（　）許してもらえる
（　）ほめてもらえる

② 誰に斟酌してもらうのですか。正しいものに○をつけましょう。

（○）本部
（　）灰色の男たち
（　）モモ

9 灰色の男たちはみんなうなだれてとありますが，なぜうなだれたのですか。正しいものにすべて○をつけましょう。(10)

（　）不思議な光を見て，疲れてしまったから。
（○）斟酌してもらえるか分からないから。
（○）裁判にかけられるから。
（○）ほめられることはありえないから。

10 今となっては，急ぐことはもうありませんとありますが，なぜですか。(10)

（急いでも進まず，モモをつかまえられないから。）

28頁

かぼちゃのつるが

かぼちゃのつるが　原田《はらだ》　直友《なおとも》

かぼちゃのつるが
はい上がり
はい上がり
葉をひろげ
葉をひろげ
はい上がり
葉をひろげ
細い先は
竹をしっかりにぎって
屋根の上に
はい上がり
短くなった竹の上に
はい上がり
小さなその先端《たん》は
いっせいに
赤子のような手を開いて
ああ　今
空をつかもうとしている

（令和六年度版　光村図書　国語　五　銀河　原田　直友）

1 文中で三回以上くり返し出てくる言葉を二つ書きましょう。(10×2)

（はい上がり）
（葉をひろげ）

2 1の二つのくり返しの表現があることで，どのような様子が分かりますか。正しいものに○をつけましょう。(10)

（　）かぼちゃのつるの先が，竹をしっかりにぎっている様子
（　）かぼちゃのつるの先が，赤子のような手を開いている様子
（○）かぼちゃのつるが伸びて広がっている様子

3 はい上がり，葉をひろげているのは何ですか。(10)

（かぼちゃのつる）

4 どこにはい上がっていますか。二つ書きましょう。(15×2)

（屋根の上）
（短くなった竹の上）

5 小さなその先端について，答えましょう。(15×2)

(1) その先端の「その」とは，何を指していますか。

（かぼちゃのつる）

(2) 小さなその先端は，人間の何に例えて書かれていますか。文中から抜き出しましょう。

（赤子のような手）

29頁

われは草なり

われは草なり　高見《たかみ》　順《じゅん》

われは草なり
伸《の》びんとす
伸びられるとき
伸びんとす
伸びられぬ日は
伸びぬなり
伸びられる日は
伸びるなり

われは草なり
緑なり
全身すべて
緑なり
毎年かはらず
緑なり
緑の己《おのれ》に
あきぬなり

われは草なり
緑なり
緑の深きを
願ふなり

ああ　生きる日の
美しき
ああ　生きる日の
楽しさよ
われは草なり
生きんとす
草のいのちを
生きんとす

（令和六年度版　光村図書　国語　五　銀河　高見　順）

1 この詩は，何連でできていますか。(10)

（四）連

2 次の言葉の意味に合うものを——線で結びましょう。(5×3)

伸びんとす ── 伸びようとする
伸びられる ── 伸びることができる
伸びぬ ── 伸びない

3 二連目で最も強調していることは何ですか。文中から三文字で抜き出しましょう。(10)

緑なり

4 願ふなりとありますが，何を願っていますか。文中から四文字で抜き出しましょう。(10)

緑の深き

5 生きる日とありますが，これを何と表していますか。二つ文中から抜き出して書きましょう。(10×2)

（美しき）（楽しさ）

6 文中で四回くり返し出てくる言葉を二つ書きましょう。(10×2)

（われは草なり）（緑なり）

7 この詩には，くり返しの表現が使われています。この表現には，どんな効果がありますか。正しいものに○をつけましょう。(15)

（　）詩を分かりやすくする効果
（○）強く印象づける効果
（　）詩に出てくる言葉を他のものにたとえる効果

30頁

どちらを選びますか

● 教科書の「どちらを選びますか」を読んで，答えましょう。

● 先生が，小学五年生の子どもといっしょに行くのに，海と山のどちらがよいか，まよっています。先生に海と山をそれぞれの立場からすすめます。海をすすめるチームと山をすすめるチームに分かれて，質疑《ぎ》応答をしました。次の質疑応答の一部の文章を読んで，問題に答えましょう。（※質疑応答…質問したり答えたりすること。）

海　わたしたちは，海がいいと思います。理由は三つです。一つ目は，泳ぐことで暑さをしのげること。二つ目は，砂浜でビーチボールをしたり，ボートに乗るなど，さまざまな遊び方ができること。三つ目は，きれいな写真をとりやすく，思い出を形にして残せることです。

司会　何か質問はありますか。

山　海チームに質問です。海は，さまざまな遊び方ができると言いましたが，水着の他に浮き輪など持って行くものが多く，大変ではないですか。山は，リュック一つで身近な山に登って楽しむことができます。

海　そうかもしれませんが，持って行くものを選ぶ過程から楽しむことができ，家族の仲がいっそう深まると思います。

山　確かに，そう言われるとそんな気がします。

1 山チームは，海チームが発表した三つの理由のうち，いくつ目のことについて質問していますか。(10)

二つ目

2 山チームは，海チームに対して何が大変だと質問しましたか。(10)

（持って行くものが多いこと。）

3 2に対する海チームの答えは何ですか。(15)

（持って行くものを選ぶ過程から楽しむことができ，家族の仲がいっそう深まる。）

4 海チームの答えは，山チームに対して説得力がありましたか。正しい方に○をつけましょう。又，それが分かる一文を文中から抜き出しましょう。(10+15)

（○）あった　（　）なかった

（確かに，そう言われるとそんな気がします。）

5 次の文章は，二つの立場から意見をのべ合う上で大切なことをまとめたものです。（　）にあてはまる言葉を□から選んで書きましょう。(10×4)

・（質問）し合って，考えの（ちがい）を明確にする。

・たがいの考えのよいところや（問題点）を比べ，どちらの考えに（説得力）があるかを考える。

問題点　ちがい　説得力　質問

（令和六年度版　光村図書　国語　五　銀河　「どちらを選びますか」による）

解答例

本書の解答は，あくまでもひとつの例です。児童に取り組ませる前に，必ず指導される方が問題を解いてください。指導される方の作られた解答をもとに，児童の多様な考えに寄り添って○つけをお願いします。

31頁

新聞を読もう

名前

1 次の言葉とその説明文を――線で結びましょう。（2×5）

- 見出し ―― 記事の題に当たる。内容を短い言葉で表して、ひと目で分かるようにしている。
- リード文 ―― 記事の内容を短くまとめたもの。長い記事の場合に、本文の前に付けられる。
- 本文 ―― 出来事のくわしい内容。解説が加わることもある。
- 写真・図表など ―― 記事の内容をより分かりやすく、くわしく伝えるためにそえられることがある。
- コラム ―― 世の中の出来事や、季節の話題などについて書かれた文章。書き手の意見などがもりこまれる場合が多い。

（令和六年度版　光村図書　国語　五　銀河「新聞を読もう」による）

2 新聞の紙面について、（　）にあてはまる言葉を［　］から選んで書きましょう。（3×5）

・新聞のページは、「（面）」※順不同

面や（経済面）、（スポーツ面）など、面によって内容がちがっている。特に一面は、「（新聞の顔）」といわれ、その日の最も（重要なニュース）がのっている。

［スポーツ面　重要なニュース　面　新聞の顔　経済《ざい》面］

（令和六年度版　光村図書　国語　五　銀河「新聞を読もう」による）

3 次の記事は、新聞のどの面に書かれていますか。［　］から選んで、記号で答えましょう。（5×3）

（㋑）消費税の値上げ

（㋐）出生数の変化

（㋒）ワールドカップの結果

［㋐ 社会面　㋑ 経済面　㋒ スポーツ面］

4 次の文章は、「新聞記事を読むときに気をつけること」について書かれています。（　）にあてはまる言葉を［　］から選んで書きましょう。（5×6）

・記事を（見出し）や（リード文）から※順不同 とらえ、より（くわしい）情報を本文や図表から読み取る。

・同じ話題でも、伝える（相手）や目的によって、記事の内容は（ことなる）。

（知りたいこと）に合わせて、読む新聞や記事を選ぶとよい。

［くわしい　相手　見出し　ことなる　リード文　知りたいこと］

（令和六年度版　光村図書　国語　五　銀河「新聞を読もう」による）

5 次の（　）にあてはまる言葉を［　］から選んで書きましょう。（5×6）

(1) 「逆三角形の構成」について

(2) 取り上げる出来事について

（いつ）/（なぜ）/どこで/（だれ）が/何を/（なぜ）/（いつ）/どのようにということが書かれている。

［リード文　本文　見出し　なぜ　いつ　だれ］

（令和六年度版　光村図書　国語　五　銀河「新聞を読もう」による）

32頁

たずねびと①

名前

すごく不思議なポスターだった。

㋐「さがしています」という大きな文字が、わたしの目に飛びこんできたのだ。いつものように駅の構内をぬけていくときのことだった。

㋑大きな文字の下には名前。名前、だと思う。名前だけ、何段《だん》も何段も書いてある。

㋒――あんなにたくさんの人を、だれがさがしているんだろう。

家の近くのけいじ板にも、よくポスターがはってある。「迷いねこ」や「迷い犬」、「青いインコをさがしています」というのもあった。ねこも犬もインコも、いなくなったまま帰ってこなくなって、だれかがさがしている。

――だけど、あの大きなポスター。あんなにたくさんの人が、いなくなったのかな。

どうも気になって、ポスターのはってあるかべまで歩いて行った。

すると、ポスターのちょうど真ん中へんにあったのは、わたしの名前だった。

「楠木《くすのき》アヤ」――かっこの中には年齢《れい》も書いてあった。（十一さい）――年齢も同じ。

㋓――びっくり。だれかが、わたしをさがしているの。

だが、もちろん、そうではなくて、ポスターのいちばん上には『原爆供養塔納骨名簿《げんばくくようとうのうこつめいぼ》』とあった。だいいち、わたしの名前は漢字で「綾」と書くのだ。

ポスターには、「ご遺《い》族の方や名前にお心当たりのある方は、お知らせください」とも書いてあった。

㋔――死んだ人をさがしてるんだ――原爆が落とされたのって、戦争が終わった年だよね。何十年も前のことなのに。

「楠木アヤ（十一さい）」と書かれた所を、また見つめた。このアヤちゃんには、何十年も前からだれも「心当たり」がないのだろうか。

㋕本当に不思議な気がした。

（令和六年度版　光村図書　国語　五　銀河　朽木　祥）

1 ㋐わたしの目に飛びこんできたのだについて、答えましょう。（15×2）

(1) 何が飛びこんできたのですか。文中から抜き出しましょう。

（「さがしています」という大きな文字）

(2) (1)が書かれたポスターは、どこにありましたか。

（駅の構内）

2 ㋑大きな文字の下には、名前がどのように書かれていましたか。（10）

（名前だけ、何段も何段も書いてある。）

3 ㋒――あんなにたくさんの人を、だれがさがしているんだろうとありますが、これは「わたし」のどんな言葉ですか。正しい方に○をつけましょう。（10）

（　）「わたし」が言った言葉

（○）「わたし」が心の中で思った言葉

4 ㋓だれかが、わたしをさがしてるのとありますが、なぜそう思ったのですか。（15）

（ポスターに、わたしと同じ名前があり、年齢まで同じだったから。）

5 ㋔死んだ人をさがしてるんだについて、答えましょう。（10×2）

(1) 「死んだ人」とは、何によってなくなった人ですか。

（原爆によってなくなった人）

(2) このように思ったのはだれですか。氏名を書きましょう。

（楠木綾）

6 ㋕本当に不思議な気がしたとありますが、「わたし」は何を不思議に思ったのですか。（15）

（楠木アヤちゃんには、何十年も前からだれも心当たりがないのかということ。）

33頁

たずねびと②

名前

秋の空は高く青くすんで、ゆったり流れる川にも空の色がうつっていた。㋐ほね組みがむき出しのドームがその場にあるのが不思議なくらい、明るくて晴れ晴れとした景色だった。

（あ）――ここが爆心地なのか。ここで本当にたくさんの人が死んだの――。

お兄ちゃんも、独り言みたいにつぶやいた。

（い）㋑「信じられないよな。水面が見えないくらい、びっしり人がういてたなんて。」

その川をわたって、慰霊碑《いれいひ》にお参りしてから、まず平和記念資料館に向かった。

資料館を半分も見て回らないうちに、わたしは頭がくらくらしてきた。何もかも信じられないことばかりだった。

だけど、陳《ちん》列ケースにならべられた、ご飯が炭化した弁当箱、くにゃりととけてしまったガラスびん、八時十五分で止まったうで時計が、そして焼けただれた三輪車や石段に残る人の形のかげが、「本当なんです。あなたは知らなかったの。」と問いかけてくるような気がした。原爆の閃《せん》光や熱風、四千度もの熱のせいで、㋒この持ち主たちは、ほとんどみんな死んでしまったのだ。

――たった一発の爆弾で、こんなひどいことになるなんて。

展《てん》示の説明板には「㋓この年の終わりまでには約十四万人の人がなくなりました」とあった。八月六日の朝、被《ひ》爆してすぐになくなった人だけではない。なんとか生きのびた人も、被爆まもない市に入って残留放射《しゃ》線を浴びた人も、核《かく》物質をふくんだ黒い雨に打たれた人も、次々になくなってしまったのだと。

（令和六年度版　光村図書　国語　五　銀河　朽木　祥）

1 ㋐不思議なくらいとありますが、何が不思議なのですか。（10）

（ほね組みがむき出しのドームがその場にあること。）

2 （あ）、（い）の部分について答えましょう。（8×2）

① （あ）は、誰が思った言葉ですか。

（わたし）

② （い）は、誰が言った言葉ですか。

（お兄ちゃん）

3 ㋑信じられないよなとありますが、何が信じられないのですか。（10）

（かつて水面が見えないくらい、びっしり人がういていたこと。）

4 ㋒この持ち主たちは、何を持っていましたか。文中から四つ抜き出しましょう。（8×4）

（ご飯が炭化した弁当箱）

（くにゃりととけてしまったガラスびん）

（八時十五分で止まったうで時計）

（焼けただれた三輪車）

5 ㋓約十四万人の人がなくなりましたとありますが、どのような人ですか。文中から四つ抜き出しましょう。（8×4）

（被爆してすぐになくなった人）

（なんとか生きのびた人）

（被爆まもない市に入って残留放射線を浴びた人）

（核物質をふくんだ黒い雨に打たれた人）

34頁

たずねびと③

名前

「何十年も、だれにもむかえに来てもらえないなんて、どうしてなんですか。」

（あ）「もしかしたら、家族もみんなぎせいになったのかもしれんね。じゃが《(だけど)》、今でも、どこぞで帰りを待っとる人もあるかもしれんと、望みはすてずにおりますがの。」

（い）「――あの、ポスターにね、わたしと名前が同じ女の子がいたんです。わたし、クスノキアヤっていうんですけど。」

おばあさんの顔がぱっとかがやいた。お兄ちゃんがあわてた様子で付け足した。

（う）「遺《い》族とか、知り合いとかじゃないんです。ただ年齢《れい》までいっしょだったから、妹がすごく心に残ったみたいで――。」

それを聞くと、おばあさんはだまりこんでしまった。

わたしはこまってお兄ちゃんを見た――おばあさんをがっかりさせてしまったにちがいないと思ったのだ。

㋐だが、そうではなかった。おばあさんは、ほうきとちり取りをわきに置くと、しゃがんで供養塔《くようとう》に手を合わせ、こう言ったのだ。

（え）「アヤちゃん、よかったねえ。もう一人のアヤちゃんがあなたに会いに来てくれたよ。」

やがておばあさんは顔を上げると、しわだらけの顔いっぱいに、㋑もっとしわをきざんでわたしに笑いかけた。目には光るものがあったので、泣き笑いみたいな表情だった。

（お）「この楠木アヤちゃんの㋒夢やら希望やらが、あなたの㋓夢や希望にもなって、かなうとええねえ。元気で長う生きて、幸せにおくらしなさいよ。」

わたしはすかしくなって下を向いてしまった。そんなことは考えたこともなかったからだ。

別れぎわ、小さなおばあさんは見上げるようにしてわたしの手を取った。

「どうか、㋔この子のことを――アヤちゃんのことを、ずっとわすれんでおってね。」

（令和六年度版　光村図書　国語　五　銀河　朽木　祥）

1 （あ）～（お）の言葉は、「わたし」「おばあさん」「お兄ちゃん」のうち、だれの言葉ですか。（10×5）

（あ）（おばあさん）

（い）（わたし）

（う）（お兄ちゃん）

（え）（おばあさん）

（お）（おばあさん）

2 ㋐だが、そうではなかったとありますが、何がそうではなかったのですか。（10）

（わたしの言葉がおばあさんをがっかりさせてしまったのではないかということ。）

3 ㋑目には光るものとは、何ですか。（10）

おばあさんの（なみだ）

4 ㋒、㋓は、それぞれだれの夢や希望を指していますか。また、㋔はだれのことを指していますか。［　］から選んで書きましょう。（10×3）

㋒（なくなった楠木アヤ）

㋓（わたし）

㋔（なくなった楠木アヤ）

［わたし　なくなった楠木アヤ］

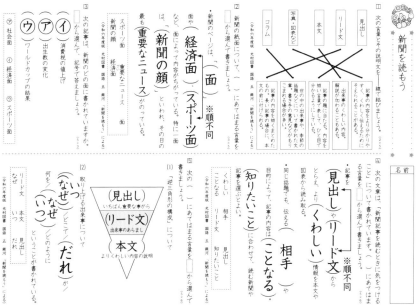

35 頁

たずねびと ④

名前

秋の日は短くて、日がしずみかけていた。

㋐川土手をゆっくり歩いて橋に向かった。

静かに流れる川、夕日を受けて㋑赤く光る水。

わたしはらんかんにもたれた。お兄ちゃんもせかさなかった。㋒昼すぎに、この橋をわたったときには、きれいな川はきれいな川でしかなかった。ポスターの名前が、ただの名前でしかなかったように。

資料館で読んだ説明が思い出された――この辺りは、元はにぎやかな町だった。町には多くの人々がくらしていた。だが、あの朝、一発の爆弾が町も人も、この世から消してしまった。

消えてしまった町、名前でしかない人々、名前でさえない人々、数でしかない人々、数でさえない人々。

だけど、あのおばあさんが言っていたように、㋓わたしたちがわすれないでいたら――楠木アヤちゃんが確かにこの世にいて、㋔あの日までここで泣いたり笑ったりしていたこと、そして、ここでどんなにおそろしいことがあったかということ――をずっとわすれないでいたら、世界中のだれも、二度と同じようなめにあわないですむのかもしれない。

メモに書いた「楠木アヤ」という文字を、また指でなぞった。その名前に、㋕祈念館でめぐり合った子どもたちの顔が、次から次へと重なった。

そして、夢で見失った名前にも、いくつもいくつものおもかげが重なって、わたしの心にうかび上がってきた。

（令和六年度版　光村図書　国語　五　銀河　朽木　祥）

1 ㋐ゆっくり歩いてとありますが、ゆっくり歩いたのはだれとだれですか。（10×2）

（わたし）と（お兄ちゃん）

2 ㋑赤く光る水とありますが、何の水ですか。□に一文字で書きましょう。（10）

川 の水

3 ㋒昼すぎに、この橋をわたったとき、綾は、川についてどのように考えていましたか。（10）

（きれいな）川

4 ㋓わたしたちがわすれないでいたらという部分について、答えましょう。（10×2）

① 何をわすれないのですか。二つ書きましょう。

（楠木アヤちゃんが確かにこの世にいて、あの日までここで泣いたり笑ったりしていた）ということ

（ここでどんなにおそろしいことがあったか）ということ

② ずっとわすれないでいたら、どうなると書かれていますか。（15）

（世界中のだれも、二度と同じようなめにあわないですむのかもしれない。）

5 ㋔あの日とは、いつのことですか。正しいものに○をつけましょう。（10）

（　）「わたし」が資料館に行った日

（　）おばあさんが供養した日

（○）原爆が投下された日

6 ㋕何が次から次へと重なったのですか。（15）

（祈念館でめぐり合った子どもたちの顔）

36 頁

方言と共通語

名前

（前略）

わたしたちは、ふだん、家族や友達と話すとき、住んでいる地方特有の表現をふくんだ言葉づかいをしています。㋐これを、方言といいます。

例えば、㋑塩の味を表す言葉にも、地方によって、「ショッパイ」「カライ」など、さまざまな言い方があります。

㋒方言は、そこに住む人々の気持ちや感覚をぴったりと言い表すことができます。

しかし、ちがう地方の人どうしが、それぞれの方言で会話をすると、事がらや気持ちが正確に伝わらないこともあります。そのため、どの地方の人でも分かる言葉づかいも必要です。㋓これを、共通語といいます。

※地方特有の…（その）地方だけが、特別にもっている。

（令和六年度版　光村図書　国語　五　銀河　「方言と共通語」による）

1 方言と共通語の意味としてふさわしいものを、□から選んで（　）に記号で書きましょう。（12×3）

方言（い）（う）

共通語（あ）

あ どの地方の人でも分かる言葉

い 地方特有の表現をふくんだ言葉

う 地方に住む人々の気持ちや感覚をぴったりと言い表せる言葉

2 ㋐これは、何を指していますか。（15）

（住んでいる地方特有の表現をふくんだ言葉づかい）

3 ㋑塩の味を表す言葉を文中から二つ抜き出しましょう。（12×2）

（ショッパイ）と（カライ）

4 ㋒方言には、どんな良さがありますか。（15）

（そこに住む人々の気持ちや感覚をぴったりと言い表すことができること。）

5 ㋓これは、何を指していますか。（10）

（どの地方の人でも分かる言葉づかい）

37 頁

季節の言葉３　秋の夕

名前

1 「枕草子《まくらのそうし》」（清少納言《せいしょうなごん》）の一節を読んで、答えましょう。

〈原文〉

秋は夕暮《ぐ》れ。㋐夕日のさして山の端《は》いと近う《ちこう》なりたるに、烏《からす》の寝《ね》どころへ行くとて、三《み》つ四《よ》つ、二つ三つなど、㋑飛びいそぐさへ《え》あはれ《わ》なり。まいて雁《かり》などのつらねたるが、㋒いと小さく見ゆるは[いとをかし]。日入《い》り果てて、風の音《おと》、虫の音《ね》など、はた言ふ《う》べきにあらず。

〈現代語訳〉

秋は夕暮れがよい。夕日が差して、山にとても近くなったころに、鳥がねぐらに行こうとして、三羽四羽、二羽三羽などと、急いで飛んでいく様子までしみじみとしたものを感じさせる。まして、㋓雁などが列を作っているのが、とても小さく見えるのは、たいへん味わい深いものだ。㋔日がすっかりしずんでしまって、風の音や虫の音などがするのも、言いようがなくよいものだ。

(1) 〈現代語訳〉から、次の言葉にあたる部分を抜き出しましょう。（10×3）

㋐ 夕日のさして山の端いと近うなりたるに

（夕日が差して、山にとても近くなったころに）

㋑ 飛びいそぐさへあはれなり

（急いで飛んでいく様子までしみじみとしたものを感じさせる）

㋒ いと小さく見ゆるはいとをかし

（とても小さく見えるのは、たいへん味わい深いものだ）

(2) 〈原文〉から、次の言葉にあたる部分を抜き出しましょう。（10×2）

㋓ 雁などが列を作っているのが

（雁などのつらねたるが）

㋔ 日がすっかりしずんでしまって

（日入り果てて）

(3) 清少納言は、秋はいつの頃がよいといっていますか。〈原文〉から三文字で抜き出しましょう。（5）

（夕暮れ）

(4) この一節の[いとをかし]とは、何に対しての言葉ですか。〈原文〉から抜き出しましょう。（5）

（雁などのつらねたるが、いと小さく見ゆる）

2 次の言葉の意味をしめした文が完成するように、（　）にあてはまる言葉を□から選んで○をつけましょう。（10×4）

① 秋の夜長

夜が長くなってくる秋には、空気がすみ、（　）がきれいに見えるようになる。

山　（月）　川

② 行く秋

秋が終わろうとするのを（　）思う気持ちがこもった言葉。

（さびしく）　うれしく　待ち遠しく

③ 星月夜《ほしづきよ》

星の光で、月夜のように（　）と感じた夜のこと。

暗い　（明るい）　あたたかい

④ 暮秋《ぼしゅう》

秋の（　）。秋の暮れ。

初め　（終わり）　中ごろ

（令和六年度版　光村図書　国語　五　銀河　「季節の言葉３　秋の夕」による）

38 頁

よりよい学校生活のために

名前

1 学校生活について、意見のちがいをふまえて、話し合いをすすめます。（　）にあてはまる言葉を□から選んで書きましょう。（8×5）

① 学校生活の中から、（議題）を決めよう。

② 自分の（立場）を明確にしよう。

③ 話し合いのしかたを確かめ、（進行計画）を立てよう。

④ 計画にそって、グループで（話し合おう）。

⑤ 話し合ったことをクラスで共有し、（感想）を伝え合おう。

立場　進行計画　感想　議題　話し合おう

2 よりよい学校生活のために、議題を決めて、グループで話し合いをしています。次の、話し合いの一部分の文章を読んで、問題に答えましょう。

原田　それでは、今から「階段やろう下をきれいに保つために」という議題で話し合いを始めます。まず、青木さん、意見をお願いします。

青木　はい。階段もろう下もすぐによごれてしまいます。そこで、わたしは、美化委員会でよびかけてもらい、みんなでごみを拾う取り組みをしてはどうかを考えました。

井上　どうして、美化委員会からよびかけてもらうといいと考えたのですか。

青木　美化委員会が中心になれば、全校で取り組むことができると思うからです。

橋本　いい考えだと思うのですが、美化委員会は、今、トイレの清掃活動に取りかかっています。だから、すぐに取り組んでもらうのはむずかしいと思います。その点については、どう思いますか。

（令和六年度版　光村図書　国語　五　銀河　「よりよい学校生活のために」による）

(1) 上の青木さんの文章を読んで、答えましょう。
㋐〜㋒の文章は、①現状と問題点、②解決方法、③理由や根拠のどれにあたりますか。（　）に記号を書きましょう。（8×3）

㋐ 美化委員会が中心になれば、全校で取り組むことができると思うから。

㋑ 階段もろう下もすぐによごれてしまう。

㋒ 美化委員会でよびかけてもらい、みんなでごみを拾う取り組みをする。

① （イ）現状と問題点

② （ウ）解決方法

③ （ア）理由や根拠

(2) 司会役はだれですか。（12）

（原田）さん

(3) 橋本さんは、あ事実といい自分の考えとう質問をのべています。それぞれあてはまるものを記号で書きましょう。（8×3）

（い）すぐに取り組んでもらうのはむずかしいと思います。

（あ）美化委員会は、今、トイレの清掃活動に取りかかっています。

（う）その点については、どう思いますか。

本書の解答は，あくまでもひとつの例です。児童に取り組ませる前に，必ず指導される方が問題を解いてください。指導される方の作られた解答をもとに，児童の多様な考えに寄り添って〇つけをお願いします。

39 頁

浦島太郎《うらしまたろう》

浦島太郎　「御伽草子《おとぎぞうし》」より

〈原文〉

太郎思ふ《(う)》やう《(よう)》、亀が与《あた》へ《(え)》しかたみの箱、あひ《(い)》かまへ《(え)》てあけさせ給《たも》ふ《(う)》なと言ひ《(い)》けれども、今は何《なに》かせん、あけて見ばやと思ひ《(い)》、見るこそくやしかりけれ。この箱をあけて見れば、中より紫《むらさき》の雲三《み》すぢ《(じ)》上りけり。これを見れば、二十四五の齢《よわい》も、たちまちに変わりはてにける。

さて、浦島は鶴《つる》になりて、虚空《こくう》に飛び上がりける。そもそも、この浦島が年を、亀がはからひ《(い)》として、箱の中にたたみ入れにけり。

〈現代語訳〉

太郎が思うに、亀は形見にくれた箱を、決して開けなさるなと言っていたけれど、（ふるさとで長い時間がすぎてしまった）今となってはどうしようもないので、開けて見ようと思い、見てしまったのは残念なことだった。この箱を開けて見たところ、中から紫色の雲が三本立ち上った。この雲を見た太郎は、二十四、五さいだったのに、たちまちおじいさんに変わり果ててしまった。

それから、浦島太郎は鶴になって、大空へ飛び上がっていった。もともと、この浦島の年の数を、亀の心づかいて、箱の中にたたんで入れてあったのだ。

（令和六年度版　光村図書　国語　五　銀河　「浦島太郎」による）

名前

1 〈現代語訳〉から、次の言葉にあたる部分を抜き出しましょう。（10×4）

㋐ あけて見ばやと思ひ
（開けて見ようと思い）

㋑ 見るこそくやしかりけれ
（見てしまったのは残念なことだった）

㋒ 虚空に飛び上がりける
（大空へ飛び上がっていった）

㋓ 亀がはからひとして
（亀の心づかいで）

2 この箱を開けて見たところについて、答えましょう。

(1) 中から何が立ち上りましたか。〈現代語訳〉を見て答えましょう。（10）
（紫色の雲が三本立ち上った。）

(2) 太郎はどうなりましたか。〈現代語訳〉を見て答えましょう。（15）
（二十四、五さいだったのに、たちまちおじいさんに変わり果ててしまった。）

3 太郎が箱を開けると、おじいさんに変わり果ててしまったのはなぜですか。〈現代語訳〉を見て答えましょう。（15）
（もともと、浦島の年の数を、亀の心づかいで、箱の中にたたんで入れてあったから。）

4 次の文がお話の順番になるように、（　）に番号を書きましょう。（5×4）

（2）太郎が箱を開ける。
（3）太郎がおじいさんに変わる。
（1）亀が浦島の年の数を箱の中にたたんで入れる。
（4）太郎が鶴になって、大空へ飛び上がる。

40 頁

和語・漢語・外来語 ①

名前

1 和語・漢語・外来語について、（　）にあてはまる言葉を□から選んで、記号で書きましょう。（2×6）

① 和語は、（㋑）です。漢字で書いてあっても、（㋕）で読む言葉は和語です。

② 漢語は、（㋐）です。漢字を（㋔）で読む言葉を漢語といいます。

③ 外来語は、（㋒）です。ふつう（㋓）で書き表します。

㋐ 古くに中国《ちゅうごく》から日本に入った言葉
㋑ もともと日本にあった言葉
㋒ 外国語から日本語に取り入れられた言葉
㋓ 片仮名《かたかな》
㋔「音」
㋕「訓」

2 次の言葉が和語なら㋐、漢語なら㋑、外来語なら㋒を（　）に書きましょう。（2×14）

① 昼食（い）　② 山登り（あ）
③ フルーツ（う）　④ 話す（あ）
⑤ 飲み物（あ）　⑥ テスト（う）
⑦ 新聞（い）　⑧ キッチン（う）
⑨ 花火（あ）　⑩ 開花（い）
⑪ 決める（あ）　⑫ 集合（い）
⑬ 新年（い）　⑭ ベンチ（う）

3 次の言葉について、それぞれ和語・漢語・外来語のどれにあてはまるか——線で結びましょう。（5×4）

① ルール ― 外来語　規則 ― 漢語　決まり ― 和語
② 速度 ― 漢語　速さ ― 和語　スピード ― 外来語
③ 混み合う ― 和語　ラッシュ ― 外来語　混雑 ― 漢語
④ 開始 ― 漢語　スタート ― 外来語　始まり ― 和語

4 次の和語を同じ意味を持つ漢語になおしましょう。（5×4）

〈例〉山登り →（登山）
① 日の光 →（日光）
② 冷たい水 →（冷水）
③ 朝の会 →（朝会）
④ 道 →（道路）

5 次の和語を同じ意味を持つ外来語になおしましょう。（5×4）

〈例〉くだもの →（フルーツ）
① つくえ →（テーブル／デスク）
② おくり物 →（プレゼント）
③ 宿屋 →（ホテル）
④ 飲み物 →（ドリンク）

41 頁

和語・漢語・外来語 ②

名前

1 次の言葉の和語の読み方をひらがなで、漢語の読み方をカタカナで（　）に書きましょう。また、その言葉の意味を□から選んで、記号で答えましょう。（3×16）

① 風車　和語（かざぐるま）意味（㋑）　漢語（フウシャ）意味（㋐）
㋐ 風の力で羽根車を回し、粉をひいたり発電したりするそうち。
㋑ 風で回る、紙などで作ったおもちゃ。

② 色紙　和語（いろがみ）意味（㋑）　漢語（シキシ）意味（㋐）
㋐ 和歌や俳句・サインなどを書く、四角い厚紙。
㋑ 色のついた紙。折り紙などに使う。

③ 生物　和語（なまもの）意味（㋐）　漢語（セイブツ）意味（㋑）
㋐ 加熱していない食べもの。
㋑ 動物や植物など、すべてのいきもの。

④ 見物　和語（みもの）意味（㋐）　漢語（ケンブツ）意味（㋑）
㋐ 見る値打ちのあるもの。
㋑ もよおしものや景色などを見て楽しむこと。

2 次の和語の読み方をひらがなで（　）に書きましょう。（2×6）

① 春風（はるかぜ）　② 星空（ほしぞら）
③ 歌声（うたごえ）　④ 目薬（めぐすり）
⑤ 親子（おやこ）　⑥ 横笛（よこぶえ）

3 次の漢語の読み方をカタカナで（　）に書きましょう。（2×6）

① 新聞（シンブン）　② 開始（カイシ）
③ 旅館（リョカン）　④ 朝食（チョウショク）
⑤ 目標（モクヒョウ）　⑥ 人種（ジンシュ）

4 ——線の言葉と言いかえられる言葉を、□から選んで（　）に書きましょう。また、（　）の言葉が㋐和語、㋑漢語、㋒外来語のどれであるか、記号で〔　〕に書きましょう。（2×14）

① 先生に、高校合格の報告をする。（知らせ）〔㋐〕
② 新しいスポーツにちょうせんする。（チャレンジ）〔㋒〕
③ 国語のテストを受ける。（試験）〔㋑〕
④ 紙に住んでいる所を書く。（住所）〔㋑〕
⑤ 公園のベンチにすわる。（長いす）〔㋐〕
⑥ 海の水は塩からい。（海水）〔㋑〕
⑦ 授業の要点をノートにまとめる。（ポイント）〔㋒〕

試験　海水　ポイント　住所
知らせ　長いす　チャレンジ

42 頁

固有種が教えてくれること ①

ウサギといえば、耳が長くてぴょんぴょんはねる、鳴かない動物——そう考える人が多いのではないでしょうか。しかし、アマミノクロウサギという種はちがいます。耳は約五センチメートルと短く、ジャンプ力は弱く、そのうえ「ピシー」という高い声で鳴くのです。このウサギは、日本だけに生息しています。このような、特定の国や地域《いき》にしかいない動植物のことを、「固有種」といいます。

固有種には、古い時代から生き続けている種が多くいます。アマミノクロウサギも、およそ三百万年以上前からほぼそのままのすがたで生きてきたとされる、めずらしいウサギです。このウサギと比べることで、「耳が長い」「ぴょんぴょんはねる」「鳴かない」というふつうのウサギの特徴《ちょう》が、長い進化の過程で手に入れられたものなのだということが分かります。固有種と他の種とを比べることは、生物の進化の研究にとても役立つのです。日本には、固有種がたくさん生息する豊かな環境があります。わたしは、この固有種たちがすむ日本の環境を、できるだけ残していきたいと考えています。

（令和六年度版　光村図書　国語　五　銀河　今泉　忠明）

名前

1 アマミノクロウサギという種は、どんな特ちょうを持っていますか。四つ書きましょう。（10×4）
（耳が約五センチメートルと短い。）
（ジャンプ力が弱い。）
（「ピシー」という高い声で鳴く。）
（日本だけに生息している。）

2 固有種とは、何ですか。（10）
（特定の国や地域にしかいない動植物）

3 アマミノクロウサギは、どんなところがめずらしいのですか。（15）
（およそ三百万年以上前からほぼそのままのすがたで生きてきたところ。）

4 固有種と他の種とを比べることは、どんなことに役立ちますか。（10）
（生物の進化の研究）

5 日本には、どんな環境があるとのべていますか。（10）
（固有種がたくさん生息する豊かな環境）

6 筆者の思い（考え）が表れている一文を抜き出しましょう。（15）
（わたしは、この固有種たちがすむ日本の環境を、できるだけ残していきたいと考えています。）

解答例

43 頁

固有種が教えてくれること ②

名前

このようなことから、日本列島には数百万年前に出現したものをはじめ、さまざまな時代から生き続けているほ乳類が見られ、㋐そのほぼ半数が固有種なのです。㋐、このさまざまな動物たちが何万年も生き続けることができたのは、なぜでしょう。

㋑、日本列島が南北に長いため、寒い地域《いき》からあたたかい地域までの㋑気候的なちがいが大きく、㋒地形的にも、平地から標高三千メートルをこす山岳《がく》地帯まで変化に富んでいるからです。そのおかげで、さまざまな動物たちがくらせる、㋓豊かで多様な環境が形づくられたのです。日本にやって来た動物たちは、それぞれ自分に合った場所を選んだことで、生きぬくことができたのでしょう。㋒、その場所は、今日《こんにち》まで長く保たれてきました。固有種が生き続けていくためには、この豊かな環境が㋔保全される必要があるのです。

（令和六年度版　光村図書　国語　五　銀河　今泉　忠明）

1 あ～うにあてはまるつなぎ言葉を［　］から選んで書きましょう。(10×3)

［そして　それは　では］

あ（では）
い（それは）
う（そして）

2 ㋐そのほぼ半数の「その」が指しているものは何ですか。文中から抜き出しましょう。(10)

（さまざまな時代から生き続けているほ乳類）

3 ㋑気候的なちがいが大きくとありますが、なぜちがいが大きいのですか。(10)

（日本列島が南北に長いため。）

4 ㋒地形的にも、どのように変化に富んでいるのですか。(10)

（平地から標高三千メートルをこす山岳地帯まで変化に富んでいる。）

5 ㋓日本にやって来た動物たちは、なぜ生きぬくことができたのですか。(15)

（それぞれ自分に合った場所を選んだから。）

6 ㋔保全の意味として、正しいものに○をつけましょう。(10)

（　）広げること
（○）安全を保つこと
（　）放置すること

7 筆者の意見（考え）が表れている一文を抜き出しましょう。(15)

（固有種が生き続けていくためには、この豊かな環境が保全される必要があるのです。）

43

44 頁

固有種が教えてくれること ③

名前

では、㋐現状はどうでしょうか。明治時代以降《こう》、人間の活動が活発になり、森林のばっさいや外来種の侵《しん》入が進みました。それによって、動物たちのすむ場所が消失するという問題が起こり、㋑すでに絶滅《めつ》したほ乳類もいます。最もよく知られているのは、本州・四国・九州に生息し、一九〇五年に記録されたものを最後に消息を絶った二ホンオオカミでしょう。二〇一二年には、二ホンカワウソの絶滅が宣《せん》言されました。二ホンリスも数が減少しており、すでに九州では絶滅したのではないかともいわれています。自然の作用ではなく、人間の活動によって、固有種が減ってきているのです。

この問題が分かってから、固有種などを天然記念物に指定したり、絶滅のおそれのある動植物を「絶滅危《き》惧種」などとランク分けしたりして、㋒積極的な保護が行われてきました。あ、㋓二ホンカモシカは、らんかくによって、一時は絶滅したのではないかとされ、「まぼろしの動物」とよばれるほどに減少しました。い、一九五五年に特別天然記念物として保護されるようになると再び増加し、一九八〇年ごろには、全国に十万頭以上にまで増えました。保護したことが、よい結果を生んだのです。

（令和六年度版　光村図書　国語　五　銀河　今泉　忠明）

1 あ、いにあてはまるつなぎ言葉を［　］から選んで書きましょう。(10×2)

［だから　例えば　しかし］

あ（例えば）
い（しかし）

2 ㋐現状はどうなっているとのべていますか。正しいものに四つ○をつけましょう。(5×4)

（　）固有種はすべて絶滅した。

（○）人間の活動が活発になり、森林のばっさいが進んだ。

（○）外来種の侵入が進んだ。

（　）外来種が固有種になった。

（　）固有種を保護したので、以前より固有種の種類が増えた。

（○）動物たちのすむ場所が消失するという問題が起こった。

（○）すでに絶滅したほ乳類もいる。

3 ㋑すでに絶滅したほ乳類の例として、何が書かれていますか。二つ書きましょう。(10×2)

（二ホンオオカミ）（二ホンカワウソ）

4 ㋒積極的な保護とは、どんなことですか。二つ書きましょう。(10×2)

（固有種などを天然記念物に指定すること。）

（絶熱のおそれのある動植物を「絶滅危惧種」などとランク分けすること。）

5 ㋓一時は絶滅したのではないかとされた二ホンカモシカですが、何をした結果、どうなりましたか。(10×2)

をした結果、（特別天然記念物として保護）
（全国に十万頭以上にまで増えた。）

44

45 頁

統計資料の読み方

名前

1 次の㋐、㋑は、どちらも、ある小学校の図書館の利用人数について調べた結果を表したグラフです。同じ内容を表している二つのグラフを見て、問題に答えましょう。

〈〇〇小学校の図書館の利用人数〉

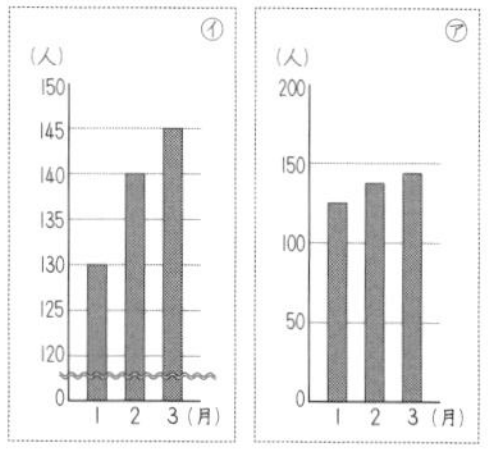

(1) ㋐、㋑の二つのグラフには、どんな印象のちがいがありますか。(10)

（㋐よりも㋑の方が、利用人数の増え方が大きい。）

(2) ㋐、㋑のグラフは、それぞれ一目盛りが何人ですか。(15×2)

㋐（50）人　㋑（5）人

(3) 二つのグラフの印象が大きくちがうのは、何がちがうからですか。正しいものに○をつけましょう。(15)

（　）調べた月　（　）単位　（○）目もりのとり方

2 次の資料㋒、㋓を見て、問題に答えましょう。

〈資料㋒〉　小学生が好きな動物の種類

1位	犬	35%
2位	ねこ	25%
3位	ゾウ	14%

全国の小学生 1200 人（各学年の男女 100 人ずつ）に調査〔2020 年〕

〈資料㋓〉　〇〇動物園に来た小学生が好きな動物の種類

1位	犬	32%
2位	ライオン	20%
3位	ゾウ	15%

〇〇動物園に来た小学生 100 人に調査〔2020 年〕

(1) 資料㋒、㋓について、正しいものに二つ○をつけましょう。(15×2)

（　）資料㋓の調査の対象は、全国の小学生1200人である。

（○）資料㋒で三位までに入っているのに、資料㋓には入っていない動物の種類は、ねこである。

（　）資料㋒で犬が好きな割合よりも、資料㋓で犬が好きな割合の方が大きい。

（○）資料㋒、㋓の調査は、同じ年に行われた。

(2) 二つの資料において、好きな動物の種類およびその割合にちがいがあるのはなぜですか。(15)

(例)（調査を行った対象やその人数がことなるから。）

45

46 頁

カンジー博士の暗号解説

名前

1 ○には、同じ読み方の別の漢字が入ります。○に入る漢字を（　）に書きましょう。

①
・日本○地を旅行する。
・妹は、明るい性○だ。
・正○な情報か判断する。

（各）（格）（確）

②
・商○街へ行く。
・テストでよい○数をとる。
・となり町に○校する。

（店）（点）（転）

③
・校○を歌う。
・日本の文○を伝える。
・放○後に友達と遊ぶ。

（歌）（化）（課）

2 ○△には、記号ごとに同じ読み方の別の漢字が入ります。○△の読み方を［　］に書きましょう。また、○△に入る漢字を（　）に書きましょう。

① ○［きゅう］ △［かい］
・○用のため、△社を休む。
○（急） △（会）
・○日に△水浴に行く。
○（休） △（海）
・世△で最も有名な○技は、サッカーだ。
○（球） △（界）

② ○［き］ △［こう］
・春の○節になると、△園の桜がきれいにさく。
○（季） △（公）
・高△生からずっと日○をつけている。
○（記） △（校）
・今日は○△がよいので、外でお弁当を食べよう。
○（気） △（候）

3 ○△□には、記号ごとに同じ読み方の別の漢字が入ります。○△□の読み方を［　］に書きましょう。また、○△□に入る漢字を（　）に書きましょう。

① ○［そう］ △［しん］ □［ちょう］
・弟は、△□が三センチのびた。
△（身） □（長）
・△友になやみを○談する。
○（相） △（親）
・胃の□子が悪いので、○退する。
○（早） □（調）

② ○［しゃ］ △［しん］ □［い］
・この湖は、水△一メートル□上の深さがある。
△（深） □（以）
・○会科の中で政治が得意だなんて、□外だ。
○（社） □（意）
・図書□員の仕事をする。
□（委）
・かわいい犬の○△をとる。
○（写） △（真）

③ ○［せい］ △［かい］ □［ちょう］
・反○を生かして、練習方法を△ぜんする。
○（省） △（改）
・□食を食べると、一日元気に過ごせる。
□（朝）
・あの△社の○□は、目覚ましい。
○（成） △（会） □（長）
・その答えは、○△です。
○（正） △（解）

46

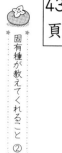

解答例

本書の解答は，あくまでもひとつの例です。児童に取り組ませる前に，必ず指導される方が問題を解いてください。指導される方の作られた解答をもとに，児童の多様な考えに寄り添って○つけをお願いします。

47頁

古典の世界（二）

名前

● 左の文章を読んで、次の問いに答えましょう。

論語《ろんご》　「論語」は、中国《ちゅうごく》の古代の思想家である孔子《こうし》と、その弟子《でし》たちの問答などを記録した書物です。日本にも古くから伝えられ、人々の生き方や考え方に大きなえいきょうをあたえました。

〈原文〉
㋐子日《しいわ》はく、「己《おのれ》の欲《ほっ》せざる所は、㋑人に施《ほどこ》すこと勿《な》かれ。」と。

〈現代語訳〉　孔子は言った。「自分が人からされたくないと思うことを、他人に対してしてはならない。」と。

〈原文〉
子日《しいわ》はく、「過《あやま》ちて改めざる、是《これ》を㋒過ちと謂《い》ふ。」と。

〈現代語訳〉　孔子は言った。「人はだれでも過ちがあるものだが、過ちをおかしてそれを改めないのが、本当の過ちというものだ。」と。

（令和六年度版　光村図書　国語　五　銀河　「古典の世界（二）」による）

漢詩　漢詩は、中国の詩で、もともとは漢字だけで書かれたものです。日本は、古くから中国と交流があり、漢詩などの文化にも親しんできました。「春暁《しゅんぎょう》」は、最もよく知られた漢詩の一つです。

春暁　　孟《もう》　浩然《こうねん》

〈原文〉
春眠《しゅんみん》　㋐暁《あかつき》を覚えず
㋑処処《しょしょ》　㋒啼鳥《ていちょう》を聞く
㋓夜来《やらい》　風雨《ふうう》の声
花落つること　知る多少

〈現代語訳〉　春のねむりは気持ちがよくて、朝になったのも気づかなかった。あちこちで鳥の鳴く声が聞こえてくる。昨日の夜は雨や風の音がしていたが、㋔花はどのくらい散ってしまっただろうか。

（令和六年度版　光村図書　国語　五　銀河　「古典の世界（二）」による）

1
(1) 「論語」について、次の問いに答えましょう。
① だれと、だれの問答などを記録した書物ですか。（5×3）
（孔子）と（その弟子たち）
② 何に大きなえいきょうをあたえましたか。
（人々の生き方や考え方）

(2) 〈現代語訳〉から、次の言葉にあたる部分を抜き出しましょう。（10×3）
㋐ 子日はく　（孔子は言った）
㋑ 人に施すこと勿かれ　（他人に対してしてはならない）
㋒ 過ちと謂ふ　（本当の過ちというものだ）

2
(1) 「漢詩」は、どんなものだと書かれていますか。（5）
（中国の詩で、もともとは漢字だけで書かれたもの）

(2) 〈現代語訳〉から、次の言葉にあたる部分を抜き出しましょう。（10×4）
㋐ 暁を覚えず　（朝になったのも気づかなかった）
㋑ 処処　（あちこちで）
㋒ 啼鳥　（鳥の鳴く声）
㋓ 夜来　（昨日の夜は）

(3) ㋔「花はどのくらい散ってしまっただろうか」にあたる部分を、〈原文〉から抜き出しましょう。（10）
（花落つること　知る多少）

48頁

やなせたかし──アンパンマンの勇気 ①

名前

● 教科書の「やなせたかし──アンパンマンの勇気」の次の文章を読んで、答えましょう。

教科書
〔二〇一一年三月十一日、東日本大震災が…〕
〜
〔…ぼくは何をすればいいのだろう。」〕

1 東日本大震災《しんさい》の数日後、やなせたかしが強く心を動かされたニュースはどんなものですか。（15）
（被災地のラジオで「アンパンマンのマーチ」がくり返し流れ、それに合わせて、ひなん所の子どもたちが大合唱しているというもの。）

2 九十二さいのやなせたかしは、震災が起こる前は、どのようにくらそうと思っていましたか。（15）
（そろそろ仕事をやめて、ゆっくりくらそうと思っていた。）

3 やなせたかしは、何年生まれですか。（5）
（一九一九）年

4 やなせたかしが五さいのとき、だれがなくなりましたか。（5）
（たかしの父親）

5 やなせたかしは、その後だれに育てられましたか。（5）
（高知県のおじ夫婦）

6 やなせたかしは、中学生の頃、何になりたいという夢をいだくようになりましたか。（5）
（まんが家）

7 戦場ではさまざまな苦しいめにあったとありますが、どんなつらいことがありましたか。三つ書きましょう。（5×3）
（一日に四十キロメートルものきょりを歩いて移動する。）
（マラリアにかかって高熱を出す。）
（食べる物がない。）

8 たかしたち　わかい兵隊は、空腹《ふく》にたえられず、おかゆの他に何を食べましたか。三つ書きましょう。（5×3）
（道ばたに生えている雑草）
（タンポポ）
（上官が飲んだお茶の茶がら）

9 弟を失った悲しみの中で、たかしは何を考え、弟の墓の前で何を話しかけましたか。
・考えたこと（10）
（なぜ弟は死に、ぼくは生き残ったのだろう。）
・話しかけたこと（10）
（いったい弟は、何をしたかったのだろう。弟の代わりにやるとすれば、ぼくは何をすればいいのだろう。）

49頁

やなせたかし──アンパンマンの勇気 ②

名前

● 教科書の「やなせたかし──アンパンマンの勇気」の次の文章を読んで、答えましょう。

教科書
〔戦争が終わってからずっと、…〕
〜
〔…どんなときも正しいことのはずだ。」〕

1 戦争が終わってからずっと、たかしの頭からはなれなかったのはどんな問いですか。（10）
（「正義とは何だろう。」）

2 たかしは、戦争は結局、何であると思いましたか。文中から四文字で抜き出しましょう。（10）
（殺し合い）

3 それじゃあ、あまりにむなしすぎるとありますが、何についてむなしいと言っているのですか。（15）
（この世に正義はなく、みんな自分勝手に生きているだけであること。）

4 そのえがおを見て、たかしは はっとしたとありますが、だれのどのようなえがおですか。（15）
（おさない兄弟の、おにぎりを分け合って食べている幸せそうなえがお。）

5 たかしは、本当の正義とは、だれに何をすることだと気がつきましたか。（15）
（おなかがすいている人に、食べ物を分けてあげること。）

6 たかしは、食べ物を分けることは、どんなことだと気がつきましたか。（15）
（人を生かすことであり、命をおうえんすること。）

7 今も世界中に戦争をしている国があって、どんな人たちがいて、どんな子どももいると書かれていますか。（10×2）
人たち（戦場に行ったたかしよりもっと苦しい思いをしている）
子ども（うえて死んでしまう）

50頁

やなせたかし──アンパンマンの勇気 ③

名前

● 教科書の「やなせたかし──アンパンマンの勇気」の次の文章を読んで、答えましょう。

教科書
〔たかしは五十四さいのとき、…〕
〜
〔…愛されるヒーローに成長した。〕

1 アンパンマンの誕生《たん》であるとありますが、アンパンマンの最初のタイトルは何でしたか。文中から六文字で抜き出しましょう。（10）
あんぱんまん

2 それまでのヒーローとはちがっていたとありますが、どんなところがちがっていたのですか。四つ書きましょう。（5×4）
・（顔がぬれただけで力をなくしてしまう。）
・（かっこいい武器を持っていない。）
・（こまった人や傷ついた人がいると、真っ先にかけつける。）
・（自分の顔を食べさせることで元気をあたえる。）

3 アンパンマンは、たかしが何について考えぬいた末に生み出した主人公ですか。（10）
（正義や命について）

4 なぜアンパンマンは最初、大人たちから評判が悪かったのですか。（10）
（顔を食べさせるのは、ざんこくだから。）

5 信念があったとありますが、たかしにはどんな信念がありましたか。（15）
（「正義を行い、人を助けようとしたら、自分も傷つくことをかくごしなければならない。」という信念。）

6 自分の食べ物をあげてしまったり、いじめられている人をかばったりしたら、どうなるかもしれないと書かれていますか。（15）
（自分がうえるかもしれないし、自分がいじめられるかもしれない。）

7 本当の勇気がわいてくるんだとありますが、どんなときに本当の勇気がわいてくるのですか。（10）
（どうしてもだれかを助けたいと思うとき。）

8 はば広い世代から愛されるヒーローに成長したとありますが、「アンパンマン」という作品が成長していく順に、1〜4の番号を（　）に書きましょう。（10）
（2）大人たちからの評判が悪い。
（4）テレビアニメになる。
（1）「あんぱんまん」として一冊の絵本が出版される。
（3）子どもたちからの人気が高まる。

51頁

あなたは、どう考える

名前

A
ぼくは、電車やバスの優先席は、必要だと考える。

根拠
優先席は、他の席に比べて、空いていることが多い。多くの人が、優先席にすわらないようにしているからだろう。実際に、国土交通省が令和元年に行った調査によると、ふだん優先席にすわるかという問いに、「よくすわる」「ときどきすわる」と答えた人は、合わせて三十五パーセントだった。そして、「ほとんどすわらない」「すわったことがない」人は、合わせて六十五パーセントとなっている。ぼくの祖母は、「優先席は空いていることが多いので、気がねなくすわることができて、助かっている。」と言う。

B
優先席を空けていると、車内が混み合いやすくなるし、どの席でも、ゆずるべき人にゆずればよいだけだ、と考える人もいるだろう。

反論に対する考え
㋐ 席を必要とする人の中にも、席をゆずってもらえない人がいる。㋑ 見た目では分からない病気や障《しょう》害のある人たちだ。こうした人たちは、優先席があると、安心できるのではないだろうか。

C
㋒ 席を必要とする人がより多くすわれるよう、電車やバスの優先席は、必要だと考える。

（参考）「『心のバリアフリー』に関するアンケート調査の結果について」（国土交通省ウェブサイト）

（令和六年度版　光村図書　国語　五　銀河「あなたは、どう考える」による）

1 A〜Cにあてはまる段落の役わりを［　］から選んで書きましょう。（8×3）
A（主張）
B（予想される反論）
C（まとめ・主張）
［まとめ・主張　主張　予想される反論］

2 「ぼく」の主張を文中から抜き出しましょう。（10）
（電車やバスの優先席は、必要だと考える。）

3 「根拠」を読んで、根拠としている祖母が言った言葉を文中から抜き出しましょう。（10）
（「優先席は空いていることが多いので、気がねなくすわることができて、助かっている。」）

4 Bを読んで、予想される反論を二つ書きましょう。（10×2）
（優先席を空けていると、車内が混み合いやすくなる。）
（どの席でも、ゆずるべき人にゆずればよいだけだ。）

5 「反論に対する考え」を読んで、㋐席を必要とする人の中にも、席をゆずってもらえない人の例を書きましょう。（12）
（見た目では分からない病気や障害のある人たち）

6 あ〜うにあてはまるつなぎ言葉を［　］から選んで書きましょう。（8×3）
あ（しかし）
い（例えば）
う（このように）
［例えば　このように　しかし］

52頁

季節の言葉4　冬の朝

名前

1 「枕草子《まくらのそうし》」（清少納言《せいしょうなごん》）の一節を読んで、答えましょう。

〈原文〉
冬はつとめて。雪の降《ふ》りたるは言ふべきにもあらず、霜《しも》のいと白きも、またさらでもいと寒きに、火などいそぎおこして、炭もて渡《わた》るもいとつきづきし。昼になりて、ぬるくゆるびもていけば、火桶《おけ》の火も白き灰《はい》がちになりてわろし。

〈現代語訳〉
冬は早朝がよい。雪が降っているのは言うまでもない。霜が真っ白なのも、またそうでなくても、とても寒いときに、火などを急いでおこして、炭を持ち運ぶ様子も、たいへん冬らしい。昼になって、寒さがやわらいでくると、火桶の中の火も白い灰が多くなってきて、よくない。

(1) 〈現代語訳〉から、次の言葉にあたる部分を抜き出しましょう。（8×2）
㋐ 言ふべきにもあらず
（言うまでもない）
㋑ またさらでも
（またそうでなくても）

(2) 〈原文〉から、次の言葉にあたる部分を抜き出しましょう。（8×3）
㋓ 炭を持ち運ぶ様子も、たいへん冬らしい
（炭もて渡るもいとつきづきし）
㋔ 寒さがやわらいでくると
（ぬるくゆるびもていけば）
㋕ 白い灰が多くなってきて、よくない
（白き灰がちになりてわろし）

(3) 清少納言は、冬はいつの頃がよいといっていますか。〈原文〉から四文字で抜き出しましょう。（8）
（つとめて）

(4) ㋒冬は早朝がよいとありますが、よいものの例を次に合うように、漢字一文字で書き出しましょう。（3×4）
・雪が降る様子　・真っ白な霜
・火をおこす様子　・炭を持ち運ぶ様子

2 次の言葉の意味をしめした文が完成するように、（　）にあてはまる言葉を［　］から選んで、○をつけましょう。（10×4）

① 木枯《が》らし
冬の初めに（　）をふき散らす、冷たい風のこと。
［（木の葉）　花びら　雪］

② 風花《かざはな》
風に乗って飛んできて、ちらちらとまい落ちる（　）のこと。
［（雪）　花　葉］

③ からっ風
雨・雪などはふらず、強くふく（　）北風。
［しめった　（かわいた）　あたたかい］

④ 粉《こな》雪
雪の結晶が小さく、水分が少ないため、（　）としている雪。
［しっとり　（さらさら）　べたべた］

（令和六年度版　光村図書　国語　五　銀河「季節の言葉4　冬の朝」による）

53頁

好きな詩のよさを伝えよう

名前

1 「土」を読んで、答えましょう。

土
三好《みよし》　達治《たつじ》

蟻《あり》が
蝶《ちょう》の羽をひいて行く
ああ
ヨットのやう《よう》だ

（令和六年度版　光村図書　国語　五　銀河　三好　達治）

(1) ヨットのやうだとありますが、どんな様子がヨットのようなのですか。文中から抜き出して書きましょう。（15）
（蟻が蝶の羽をひいて行く）様子

(2) この詩は、何について書かれていますか。正しい方に○をつけましょう。（15）
（○）自然の風景
（　）人の感情や心の中

2 「風をみた人はいなかった」を読んで、答えましょう。

風をみた人はいなかった
岸田《きしだ》　衿子《えりこ》

風をみた人はいなかった
風のとおったあとばかり見えた
風のやさしさも　怒《いか》りも
砂《すな》だけが教えてくれた

（令和六年度版　光村図書　国語　五　銀河　岸田　衿子）

(1) 風のとおったあと、何が残っていましたか。漢字一文字で書きましょう。（10）
（砂）

(2) 何が何を教えてくれたのですか。（15）
（砂だけ）が（風のやさしさや怒り）を教えてくれた。

3 「一ばんみじかい抒《じょ》情詩」を読んで、答えましょう。

一ばんみじかい抒情詩
寺山《てらやま》　修司《しゅうじ》

なみだは
にんげんのつくることのできる
一ばん小さな
海です

（令和六年度版　光村図書　国語　五　銀河　寺山　修司）

(1) 抒情詩とは、どんなものですか。正しいものに○をつけましょう。（15）
（○）自分の感情を、直接的に表現した詩
（　）自然の風景を、間接的に表現した詩

(2) 海ですとありますが、海にたとえられているものは何ですか。文中から三文字で抜き出しましょう。（15）
（なみだ）

(3) なぜ(2)で答えたものを海にたとえているのですか。あなたの考えを書きましょう。（15）
（例）
（広く深い海のように、なみだはうれしさや悲しさなど、いろいろな感情をふくんでいるから。）

54頁

熟《じゅく》語の読み方①

名前

1 ――線の漢字の読みを（　）に書きましょう。（2×6）
① 毎年、海外旅行へ行く。（まいとし）
② 梅酒を作るために、梅をつける。（うめしゅ）
③ ポスターの標語を太字で書く。（ふとじ）
④ 本屋に行って、マンガを買う。（ほんや）
⑤ 逆上がりの見本を見る。（みほん）
⑥ 委員長の役目を果たす。（やくめ）

2 〈例〉にならって、熟語になるように［　］から漢字を選んで書きましょう。また、（　）に熟語の読みを書きましょう。（2×12）
〈例〉態 度（たいど）
① 見 物（けんぶつ／みもの）
② 飼 育（しいく）
③ 王 様（おうさま）
④ 綿 毛（わたげ）
⑤ 雨 具（あまぐ）
⑥ 居 間（いま）
［間　度　雨　王　飼　毛　物　居］

3 次の漢字の読みを（　）に書きましょう。また、それぞれの漢字は㋐音読み、㋑訓読みのどちらですか。［　］に記号を書きましょう。（4×10）
① 団子（だんご）　団［㋐］　子［㋑］
② 場所（ばしょ）　場［㋑］　所［㋐］
③ 友達（ともだち）　友［㋑］　達［㋐］
④ 台所（だいどころ）　台［㋐］　所［㋑］
⑤ 夕食（ゆうしょく）　夕［㋑］　食［㋐］

4 ――線の漢字の読みを（　）に書きましょう。その際、音読みはカタカナ、訓読みはひらがなで書きましょう。（4×6）
① 駅前で待ち合わせする。（エキまえ）
② 山田さんと目線が合う。（めセン）
③ 空港で荷物検査をする。（にモツ）
④ 父は、休日も仕事をしている。（シごと）
⑤ テレビ番組を見る。（バンぐみ）
⑥ 海が見える高台にのぼる。（たかダイ）

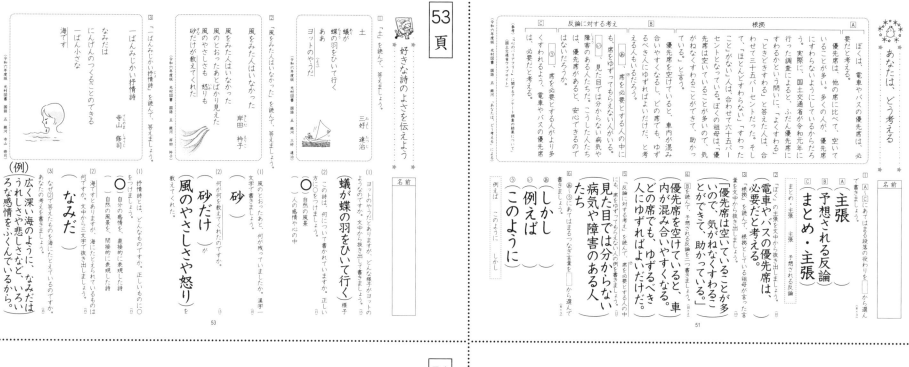

解答例

本書の解答は，あくまでもひとつの例です。児童に取り組ませる前に，必ず指導される方が問題を解いてください。指導される方の作られた解答をもとに，児童の多様な考えに寄り添って○つけをお願いします。

55頁

熟語の読み方 ②

名前

1 ――線の字の読みを（　）に書きましょう。（4×12）

① 真面目に授業を聞く。（まじめ）
② 七月七日は、七夕だ。（たなばた）
③ 八百屋で野菜を買う。（やおや）
④ 迷子の女の子を助ける。（まいご）
⑤ 真っ青な海をながめる。（まっさお）
⑥ 果物はビタミンが豊富だ。（くだもの）
⑦ きれいな清水が流れる。（しみず／きよみず／せいすい）
⑧ 眼鏡をかけると、よく見える。（めがね）
⑨ 博士が新しい発明をする。（はかせ）
⑩ 川原でピクニックをする。（かわら）
⑪ まどから景色をながめる。（けしき）
⑫ 兄は、けん玉が上手だ。（じょうず）

2 次の漢字の読みを（　）に書きましょう。（4×7）

① 今日（きょう）
② 昨日（きのう／さくじつ）
③ 明日（あした／あす）
④ 今朝（けさ）
⑤ 今年（ことし）
⑥ 二日（ふつか）
⑦ 二十日（はつか）

3 ――線の読み方をする漢字を□□に書きましょう。（4×6）

① ふたりは兄弟だ。 二人
② 姉は、歌がへただ。 下手
③ へやのそうじをする。 部屋
④ 新しいとけいを買う。 時計
⑤ ひとりで旅行へ行く。 一人
⑥ おとなとしての自覚を持つ。 大人

56頁

複合語 ①

名前

1 次の文の（　）にあてはまる言葉を□から選んで、複合語を作りましょう。（4×10）

(1)
① ねこがさくから飛び（おりる）。
② カモメが大空を飛び（回る）。
③ 地しんのゆれで、夜中に飛び（起きる）。
④ ハードルを飛び（こえる）。

回る　起きる　こえる　おりる

(2)
① たがいにニックネームで（よび）合う。
② 美しい音色が（ひびき）合う。
③ 運動会の種目について（話し）合う。

ひびき　よび　話し

(3)
① この問題は（分かり）やすい。
② このおかしは（食べ）やすい。
③ この花は（育て）やすい。

分かり　育て　食べ

2 ①～⑥にあてはまる言葉の組み合わせを□から選び、（　）に書きましょう。（5×12）

① 和語と和語との組み合わせ（昔話）（話し合う）
② 漢語と漢語との組み合わせ（消費税）（芸術家）
③ 外来語と外来語との組み合わせ（リサイクルショップ）（オレンジジュース）
④ 和語と漢語との組み合わせ（雪合戦）（待ち時間）
⑤ 和語と外来語との組み合わせ（ボール投げ）（スープ皿）
⑥ 漢語と外来語との組み合わせ（防災マップ）（平均タイム）

雪合戦　リサイクルショップ
防災マップ　昔話　消費税
ボール投げ　オレンジジュース
話し合う　平均タイム　待ち時間
スープ皿　芸術家

57頁

複合語 ②

名前

1 次の二つ（もしくは三つ）の言葉を使って、複合語を作りましょう。（4×12）

① 山＋登る →（山登り）
② 細い＋長い →（細長い）
③ 助ける＋合う →（助け合う）
④ 筆記＋用具 →（筆記用具）
⑤ サービス＋センター →（サービスセンター）
⑥ 分かれる＋道 →（分かれ道）
⑦ 売り出す＋セール →（売り出しセール）
⑧ 輸入＋フルーツ →（輸入フルーツ）
⑨ 絵＋かく＋歌 →（絵かき歌）
⑩ 読書＋感想＋文 →（読書感想文）
⑪ パン＋食う＋競争 →（パン食い競争）
⑫ もち＋つく＋大会 →（もちつき大会）

2 次の複合語をもとの二つ（もしくは三つ）の言葉に分けましょう。（①～⑩4×10、⑪、⑫6×2）

① 魚市場 →（魚）＋（市場）
② 歩み寄る →（歩む）＋（寄る）
③ 人工衛星 →（人工）＋（衛星）
④ ゲームコーナー →（ゲーム）＋（コーナー）
⑤ 最新データ →（最新）＋（データ）
⑥ 墓参り →（墓）＋（参る）
⑦ 学級委員長 →（学級）＋（委員長）
⑧ ピアノ発表会 →（ピアノ）＋（発表）＋（会）
⑨ 交通安全週間 →（交通）＋（安全）＋（週間）
⑩ 文部科学省 →（文部）＋（科学）＋（省）
⑪ 東南アジア諸国連合（ASEAN）→（東南）＋（アジア）＋（諸国）＋（連合）
⑫ 国際連合教育科学文化機関（ユネスコ）→（国際）＋（連合）＋（教育）＋（科学）＋（文化）＋（機関）

58頁

複合語 ③

名前

1 次の二つの言葉を結びつけた複合語を（　）に書きましょう。また、その読みがなを送りがなもふくめて、［　］に書きましょう。（6×10）

① 雨（あめ）＋雲（くも）→（雨雲）読みがな［あまぐも］
② 前（まえ）＋歯（は）→（前歯）読みがな［まえば］
③ 船（ふね）＋旅（たび）→（船旅）読みがな［ふなたび］
④ 白（しろ）＋波（なみ）→（白波）読みがな［しらなみ］
⑤ 筆（ふで）＋箱（はこ）→（筆箱）読みがな［ふでばこ］
⑥ 角（つの）＋笛（ふえ）→（角笛）読みがな［つのぶえ］
⑦ 花（はな）＋畑（はたけ）→（花畑）読みがな［はなばたけ］
⑧ 青い（あおい）＋白い（しろい）→（青白い）読みがな［あおじろい］
⑨ 力（ちから）＋強い（つよい）→（力強い）読みがな［ちからづよい］
⑩ 見る（みる）＋苦しい（くるしい）→（見苦しい）読みがな［みぐるしい］

2 次の言葉を組み合わせると、どんな複合語になりますか。□から選んで書きましょう。（5×8）

① 国際＋連合 →（国連）
② パーソナル＋コンピュータ →（パソコン）
③ 図画＋工作 →（図工）
④ 万国＋博らん＋会 →（万博）
⑤ 国民＋体育＋大会 →（国体）
⑥ スマート＋フォン →（スマホ）
⑦ デジタル＋カメラ →（デジカメ）
⑧ リモート＋コントローラー →（リモコン）

スマホ　図工　デジカメ
国連　パソコン　リモコン
国体　万博

解答例

59頁

言葉を使い分けよう

名前

1 分かりやすい文章を書くために，どんなことに気をつけるとよいですか。①〜⑧に合う言葉を，[ ]から選んで（ ）に書きましょう。(6×8)

- 相手に合わせて（①）を選ぶ
  - ・相手の（②）に立って，理解しやすい（③）をさがす。
  - ・和語や漢語，外来語などで，同じことを表す別の（④）がないかを考える。
  - ・言いかえることで，伝わる（⑤）が変わってしまわないかどうかを考える。
- 相手や（⑥）に応じた言い方をする
  - ・（⑦）に向けて，どんな場面で伝えるのかを意識して，言い方を考える。
  - ・文末表現に気をつける。
  - ・ふつうの言い方と，（⑧）や尊敬語，けんじょう語とを，適切に使い分ける。

①（言葉）
②（立場）
③（表現）
④（言い方）
⑤（内容）
⑥（場）
⑦（だれ）
⑧（ていねい語）

場	表現	ていねい語
立場	だれ	言葉
内容	言い方	

（令和六年度版　光村図書　国語　五　銀河　「言葉を使い分けよう」による）

2 次の文を一年生に向けて伝わるように，書き直します。

> ㋐ 職場体験①で，飲食店②に行くにあたり，各自③が適切④なエプロンを持参する⑤こと。

(1) 一年生にはむずかしい①〜⑤の言葉を，やさしい言葉に直します。[ ]から選んで，（ ）に書きましょう。(6×5)

① 職場体験 →（お仕事体験）
② 飲食店 →（レストラン）
③ 各自 →（一人一人）
④ 適切な →（ちょうどよい）
⑤ 持参する →（持ってくる）

持ってくる	レストラン	一人一人
ちょうどよい	お仕事体験	

(2) 次の表現は，どのように書きかえるとよいですか。正しい方に○をつけましょう。(6×2)

① 行くにあたり
（○）行くときには
（ ）行くのであれば

② 持参すること
（ ）持ってきなさい
（○）持ってきてください

(3) (1)，(2)をもとに，㋐の文を書き直しましょう。(10)

（お仕事体験で，レストランに行くときには，一人一人がちょうどよいエプロンを持ってきてください。）

60頁

大造《だいぞう》じいさんとガン ①

㋐さかんにばたついたとみえて，辺り一面に羽が飛び散っていました。

ガンの群れは，これに危《き》険を感じてえさ場を変えたらしく，付近には一羽も見えませんでした。しかし，大造じいさんは，たかが鳥のことだ，一晩たてば，またわすれてやって来るにちがいないと考えて，昨日よりも，もっとたくさんの㋑つりばりをばらまいておきました。

[あ]翌日，昨日と同じ時刻《こく》に，大造じいさんは出かけていきました。

秋の日が，美しくかがやいていました。

じいさんがぬま地にすがたを現すと，大きな羽音とともに，ガンの大群が飛び立ちました。じいさんは，「はてな。」と首をかしげました。

つりばりをしかけておいた辺りで，確かに，ガンがえをあさった形跡《せき》があるのに，今日は一羽もはりにかかっていません。㋒いったい，どうしたというのでしょう。

気をつけて見ると，つりばりの糸が，みなぴいんと引きのばされています。

ガンは，昨日の失敗にこりて，えをすぐには飲みこまないで，まず，くちばしの先にくわえて，ぐうっと引っ張ってみてから，異《い》状なしとみとめると，初めて飲みこんだものらしいのです。[い]も，㋓あの残雪が，仲間を指導してやったにちがいありません。

「ううむ。」

大造じいさんは，思わず㋔感嘆《たん》の声をもらしてしまいました。

ガンとかカモとかいう鳥は，鳥類の中で，あまりりこうなほうではないといわれていますが，どうしてなかなか，あの小さい頭の中に，たいしたちえをもっているものだなということを，㋕今さらのように感じたのでありました。

（令和六年度版　光村図書　国語　五　銀河　椋　鳩十）

名前

1 ㋐さかんにばたついたとありますが，このことはどんな様子からわかりますか。(10)

（辺り一面に羽が飛び散っていた様子。）

2 大造じいさんは，どう考えて，㋑つりばりをばらまいておいたのですか。(15)

（たかが鳥のことなので，一晩たてば，またわすれてやって来るにちがいない。）

3 [あ]，[い]に入る言葉を[ ]から選んで書きましょう。(10×2)

[あ]（その）
[い]（これ）

どの
その
これ

4 ㋒いったい，どうしたというのでしょうとありますが，どんなできごとに対していっているのですか。(15)

（ガンがえをあさった形跡があるのに，一羽もはりにかかっていないこと。）

5 ㋓残雪が，仲間を指導してやったとありますが，どんな指導をしたのですか。(15)

（えをすぐには飲みこまず，くちばしの先で異状なしと確認してから，初めて飲みこむ。）

6 どんな㋔感嘆の声をもらしたのですか。文中から抜き出しましょう。(10)

「（ううむ。）」

7 ㋕今さらのように感じたとありますが，どんなことを感じたのですか。(15)

（ガンは，あの小さい頭の中に，たいしたちえをもっているものだということ。）

61頁

大造《だいぞう》じいさんとガン ②

今年もまた，ぼつぼつ，例のぬま地にガンの来る㋐季節になりました。

大造じいさんは，生きたドジョウを入れたどんぶりを持って，鳥小屋の方に行きました。じいさんが小屋に入ると，一羽のガンが，羽をばたつかせながら，じいさんに飛び付いてきました。

㋐このガンは，二年前，じいさんがつりばりの計略で生けどったものだったのです。今では，㋑すっかりじいさんになついていました。ときどき，鳥小屋から運動のために外に出してやるが，ヒュー，ヒュー，ヒューと口笛をふけば，どこにいてもじいさんのところに帰ってきて，㋒そのかた先に止まるほどになれていました。

大造じいさんは，ガンがどんぶりからえを食べているのを，じっと見つめながら，

「今年はひとつ，これを使ってみるかな。」

と，独り言を言いました。

じいさんは，長年の経験で，ガンは，いちばん最初に飛び立ったものの後について飛ぶ，ということを㋓知っていたので，このガンを手に入れたときから，ひとつ，これを㋔おとりに使って，残雪の仲間をとらえてやろうと考えていたのでした。

さて，いよいよ残雪の一群が今年もやって来たと聞いて，大造じいさんは，ぬま地へ出かけていきました。

ガンたちは，昨年じいさんが小屋がけした所から，㋕たまのとどくきょりの三倍もはなれている地点を，えさ場にしているようでした。そこは，夏の出水《しゅっすい》で大きな水たまりができて，ガンのえが十分にあるらしかったのです。

㋖「うまくいくぞ。」

大造じいさんは，青くすんだ空を見上げながら，にっこりとしました。

（令和六年度版　光村図書　国語　五　銀河　椋　鳩十）

名前

1 ㋐季節になりましたとありますが，どんな季節になったのですか。(15)

（ぼつぼつ，例のぬま地にガンが来る季節。）

2 あ，いの言葉は，何を指していますか。(10×2)

あ このガン
（羽をばたつかせながら，じいさんに飛び付いてきた一羽のガン。）

い そのかた先
（じいさんのかた先。）

3 ㋑すっかりじいさんになついている様子として正しいものに，二つ○をつけましょう。(5×2)

（ ）鳥小屋から外に出て，運動する。
（○）じいさんが口笛をふくと，どこにいてもじいさんのところに帰ってくる。
（○）じいさんのかた先に止まる。

4 ㋓知っていたとありますが，じいさんは，長年の経験でどんなことを知っていたのですか。(15)

（ガンは，いちばん最初に飛び立ったものの後について飛ぶということ。）

5 ㋔おとりに使ってとありますが，「おとり」とはどんな意味ですか。正しい方に○をつけましょう。(10)

（ ）動物や人をさけるために使うもの
（○）動物や人をさそいよせるために使うもの

6 ㋕たまのとどくきょりの三倍もはなれている地点とは，どんなところですか。(15)

（夏の出水で大きな水たまりができて，ガンのえが十分にあるところ。）

7 ㋖「うまくいくぞ。」とありますが，じいさんは何がうまくいくと思ったのですか。(15)

（残雪の仲間をとらえること。）

62頁

大造《だいぞう》じいさんとガン ③

その夜のうちに，飼いならしたガンを例のえさ場に放ち，昨年建てた小屋の中にもぐりこんで，ガンの群れを待つことにしました。

㋐「さあ，いよいよ戦闘開始だ。」

東の空が真っ赤に燃えて，朝が来ました。

残雪は，いつものように群れの先頭に立って，美しい朝の空を，真一文字に横切ってやって来ました。やがて，えさ場に下りると，グワア，グワアというやかましい声で鳴き始めました。大造じいさんのむねは，わくわくしてきました。しばらく目をつぶって，心の落ち着くのを待ちました。そして，冷え冷えするじゅうしんをぎゅっとにぎりしめました。

じいさんは目を開きました。

「さあ，今日こそ，あの残雪めに㋒ひとあわふかせてやるぞ。」

くちびるを二，三回静かにぬらしました。そして，あのおとりを飛び立たせるために口笛をふこうと，くちびるをとんがらせました。と，㋓そのとき，ものすごい羽音とともに，ガンの群れが一度にバタバタと飛び立ちました。

「どうしたことだ。」

じいさんは，小屋の外にはい出してみました。

ガンの群れを目がけて，白い雲の辺りから，㋔何か一直線に落ちてきました。

「ハヤブサだ。」

ガンの群れは，残雪に導かれて，実にすばやい動作で，ハヤブサの目をくらましながら飛び去っていきます。

「あっ。」

㋕一羽，飛びおくれたのがいます。

大造じいさんのおとりのガンです。長い間飼いならされていたので，野鳥としての本能がにぶっていたのでした。

ハヤブサは，その一羽を見のがしませんでした。

じいさんは，ピュ，ピュ，ピュと口笛をふきました。

こんな命がけの場合でも，飼い主のよび声を聞き分けたとみえて，ガンは，こっちに方向を変えました。

ハヤブサは，その道をさえぎって，パーンと㋖一けり けりました。

ぱっと，白い羽《う》毛が，あかつきの空に光って散りました。ガンの体はななめにかたむきました。

（令和六年度版　光村図書　国語　五　銀河　椋　鳩十）

名前

1 ㋐「さあ，いよいよ戦闘開始だ。」とありますが，戦闘開始に向けてじいさんが行ったことを二つ書きましょう。(10×2)

（飼いならしたガンを例のえさ場に放つ。）
（昨年建てた小屋の中にもぐりこんで，ガンの群れを待つ。）

2 ㋑東の空が真っ赤に燃えてとは，どんな空の様子を表していますか。正しいものに○をつけましょう。(5)

（ ）東の空が火事で真っ赤に燃えている様子
（○）東の空が朝日で真っ赤になっている様子
（ ）空が夕焼けで真っ赤になっている様子

3 ㋒ひとあわふかせてやるとは，どんな意味ですか。正しいものに○をつけましょう。(5)

（○）びっくりさせてやる
（ ）楽しませてやる
（ ）悲しませてやる

4 ㋓そのときについて，答えましょう。(10×2)

① そのときとは，どんなときですか。
（じいさんが口笛をふこうと，くちびるをとんがらせたとき。）

② そのとき，どんなことが起こりましたか。
（ガンの群れが一度にバタバタと飛び立った。）

5 ㋔何か一直線に落ちてきたについて，答えましょう。(10×2)

① 一直線に落ちてきたものは何ですか。
（ハヤブサ）

② そのとき，ガンの群れはどうしましたか。
（残雪に導かれて，実にすばやい動作で，ハヤブサの目をくらましながら飛び去っていった。）

6 なぜ㋕一羽，飛びおくれたのですか。(10)

（おとりのガンは，長い間飼いならされていたので，野鳥としての本能がにぶっていたから。）

7 ㋖一けり けりましたとありますが，だれがだれをけったのですか。(10×2)

（ハヤブサ）が（おとりのガン）をけった。

解答例

本書の解答は，あくまでもひとつの例です。児童に取り組ませる前に，必ず指導される方が問題を解いてください。指導される方の作られた解答をもとに，児童の多様な考えに寄り添って○つけをお願いします。

63頁

大造《だいぞう》じいさんとガン ④

名前

もう一けりと、ハヤブサがこうげきの姿《し》勢をとったとき、さっと、大きなかげが空を横切りました。

残雪です。

大造じいさんは、ぐっとじゅうをかたに当て、残雪をねらいました。㋐が、なんと思ったか、再びじゅうを下ろしてしまいました。

残雪の目には、人間もハヤブサもありませんでした。ただ、救わねばならぬ仲間のすがたがあるだけでした。

いきなり、㋑てきにぶつかっていきました。そして、あの大きな羽で、力いっぱい相手をなぐりつけました。

不意を打たれて、さすがのハヤブサも、空中でふらふらとよろめきました。が、㋒ハヤブサも、さるものです。さっと体勢を整えると、残雪のむな元に飛びこみました。

ぱっ

ぱっ

羽が、白い花弁のように、すんだ空に飛び散りました。

そのまま、ハヤブサと残雪は、もつれ合って、ぬま地に落ちていきました。

大造じいさんはかけつけました。

二羽の鳥は、なおも地上ではげしく戦っていました。が、ハヤブサは、人間のすがたをみとめると、急に戦いをやめて、よろめきながら飛び去っていきました。

残雪は、㋓むねの辺りをくれないにそめて、ぐったりとしていました。しかし、㋔第二のおそろしいてきが近づいたのを感じると、残りの力をふりしぼって、ぐっと長い首を持ち上げました。そして、じいさんを正面からにらみつけました。

それは、鳥とはいえ、いかにも頭領らしい、㋕堂々たる態度のようでありました。

大造じいさんが手をのばしても、残雪は、もうじたばたさわぎませんでした。それは、最期《ご》の時を感じて、せめて頭領としてのいげんをきずつけまいと努力しているようでもありました。

大造じいさんは、強く心を打たれて、㋖ただの鳥に対しているような気がしませんでした。

（令和六年度版　光村図書　国語　五　銀河　椋　鳩十）

1 ㋐が、なんと思ったか、再びじゅうを下ろしてしまいましたとありますが、なぜ大造じいさんはじゅうを下ろしたのだと思いますか。(10)

（例）（仲間を救おうとする残雪のすがたが目に入ったから。）

2 ㋑てきにぶつかっていきましたとありますが、だれがだれにぶつかっていったのですか。(10×2)

（残雪）が（ハヤブサ）にぶつかっていった。

3 ㋒ハヤブサも、さるものですとありますが、「さるもの」とはどんな意味ですか。正しいものに○をつけましょう。(10)

（　）油断ができないくらい、大きなもの。
（○）油断ができないくらい、手ごわいもの。
（　）さるのように、かしこいもの。

4 ㋓むねの辺りをくれないにそめてとありますが、これはむねの辺りがどうなっていることを表していますか。(15)

（むねの辺りが血でそまっていること。）

5 ㋔第二のおそろしいてきとは、だれのことを指していますか。(15)

（大造じいさん）

6 ㋕堂々たる態度とありますが、これは残雪のどんな様子のことをいっていますか。(15)

（残りの力をふりしぼって、ぐっと長い首を持ち上げ、じいさんを正面からにらみつけた様子。）

7 なぜ、㋖じいさんはただの鳥に対しているような気がしなかったのですか。(15)

（残雪が最期の時を感じて、せめて頭領としてのいげんをきずつけまいと努力しているようだったから。）

64頁

大造《だいぞう》じいさんとガン ⑤（全文読解《どっかい》）

名前

● 教科書の「大造じいさんとガン」の次の文章を読んで、答えましょう。

教科書

第一場面
〔今年も、残雪は、ガンの群れを…〕
〜
〔…のように感じたのでありました。〕

1 残雪というのは、一羽のガンにつけられた名前ですとありますが、なぜ残雪という名前をつけられたのですか。(10)

（左右のつばさに一か所ずつ、真っ白な交じり毛をもっていたから。）

教科書

第二場面
〔その翌年も、残雪は、大群を…〕
〜
〔…とうなってしまいました。〕

2 大造じいさんは、うまくいったので、会心のえみをもらしましたとありますが、うまくいったとはどんなことを指していますか。(15)

（じいさんがえさをまいた場所が、ガンの群れにとっていちばん気に入りの場所となったこと。）

教科書

第三場面
〔今年もまた、ぼつぼつ、…〕
〜
〔…いるような気がしませんでした。〕

3 次の文がお話の順番になるように、（　）に番号を書きましょう。(5×8)

（4）一羽、飛びおくれたガンを見つけて、「あっ。」と言う大造じいさん。

（1）「今年はひとつ、これを使ってみるかな。」と、独り言を言う大造じいさん。

（6）いきなりハヤブサにぶつかっていき、大きな羽で、力いっぱいなぐりつける残雪。

（8）大造じいさんが近づいたのを感じると、残りの力をふりしぼって、ぐっと長い首を持ち上げる残雪。

（5）おとりのガンが方向を変えた道をさえぎって、パーンと一けりけるハヤブサ。

（2）「うまくいくぞ。」と、青くすんだ空を見上げながら、にっこりとする大造じいさん。

（7）地上ではげしく戦うハヤブサと残雪。

（3）冷え冷えするじゅうしんをぎゅっとにぎりしめる大造じいさん。

教科書

全文を読んで、答えましょう。

4 次の文がお話の順番になるように、（　）に番号を書きましょう。(5×7)

（2）タニシを付けたウナギつりばりにかかった一羽のガンに喜ぶ大造じいさん。

（5）昨日までなかった「小さな小屋」をみとめ、方向を変えてしまう残雪。

（7）最期の時を感じて、頭領としてのいげんをきずつけまいと努力する残雪。

（1）残雪がやって来たと知ると、今年こそはと、考えておいた特別な方法に取りかかる大造じいさん。

（4）タニシをガンの好みそうな場所にばらまき、ねぐらの小屋で朝をまっていた大造じいさん。

（3）「ううむ。」と感嘆の声をもらす大造じいさん。

（6）おとりのガンにハヤブサがこうげきの姿勢をとったとき、いきなりハヤブサにぶつかっていった残雪。

65頁

言葉のたから箱 ①

名前

1 次の言葉と反対の意味を表す言葉を□から選んで、（　）に書きましょう。(5×6)

① 器用 ↕ （不器用）
② 興ふん ↕ （冷静）
③ 雑然 ↕ （整然）
④ おとる ↕ （まさる）
⑤ 一般 ↕ （特殊）
⑥ 不自然 ↕ （自然）

冷静　まさる　特殊　自然　不器用　整然

2 次の言葉とよくにた意味の言葉を□から選んで、（　）に書きましょう。(5×6)

① ピュア ―（じゅんすい）
② せん細 ―（びんかん）
③ 動じない ―（堂々とした）
④ ざん新 ―（目新しい）
⑤ とびきり ―（ばつぐん）
⑥ 有名な ―（名高い）

ばつぐん　目新しい　じゅんすい　びんかん　名高い　堂々とした

3 （　）にあてはまる言葉を□から選んで書きましょう。(5×5)

① 田中さんは、自まんをしない（けんきょな）人だ。
② 山本さんは、大勢の前で堂々と発表できる、（どきょうがある）人だ。
③ このどうくつは、青白く光っていて、（神秘的な）ふん囲気がある。
④ 昨日お金を使い過ぎてしまったので、今日は（そまつな）夕食だ。
⑤ この宝石は、世界でもめずらしく、（価値がある）ものだ。

そまつな　けんきょな　価値がある　神秘的な　どきょうがある

4 次の言葉とその意味を――線でつなぎましょう。(15)

① むじゃき
② しんちょう
③ 情け深い
④ そぼく
⑤ 無数
⑥ 重々しい

・注意深くて、軽はずみな行動をしない。
・かざりけがなく、自然なこと。
・すなおで悪い心がなく、かわいらしい。
・人を思いやる気持ちが強い。
・どっしりとして落ち着いている。
・数えきれないほどたくさんある。

66頁

言葉のたから箱 ②

名前

1 次の（　）にあてはまる言葉を□から選んで書きましょう。(5×8)

① 先生にウソをついてしまい、（後ろめたい）気持ちになる。
② 怖い話を聞いて、（背すじが寒くなる）。
③ 苦手な科目のテストが終わったので、（気が軽くなる）。
④ 少数派の意見を（尊重する）。
⑤ 教室でね言を言ってしまい、はずかしさで（顔を赤らめる）。
⑥ 鳥がケガしているすがたが（いたいたしい）。
⑦ 仲の良い友達が転校するのが、（切ない）。
⑧ 強くて優しいヒーローに（あこがれる）。

いたいたしい　気が軽くなる　尊重する　あこがれる　後ろめたい　顔を赤らめる　切ない　背すじが寒くなる

2 次の言葉とその意味を――線でつなぎましょう。(4×5)

① こいしい
② 気に留める
③ むねが高鳴る
④ 痛感する
⑤ 無我夢中

・よいことを期待して心が浮き立つ。
・強く心に感じる。
・何かを忘れないように心にとどめておく。
・そのことにだけ心がうばわれ、他のことは全く考えない。
・どうしようもないほど、会いたくなったり見たくなったりする。

3 にたような感情を表す言葉があります。その言葉の中で一つだけちがった意味の言葉があります。その言葉に○をつけましょう。(10×2)

①
（　）気が重い
（○）気をしずめる
（　）気が進まない

②
（○）あぜんとする
（　）心をゆさぶられる
（　）感動する

4 次の言葉を使って、短文を作りましょう。(10×2)

① うろたえる
（例）（友達との大切なひみつを知られてしまい、うろたえる。）

② 興味しんしん
（例）（赤ちゃんは、いろいろなものに興味しんしんだ。）

67頁

漢字書き

漢字の広場 (1) (2)

名前

① 桜の季節《きせつ》
② 太平洋戦争《せんそう》
③ ニュートンの伝記《でんき》
④ 参考書《さんこうしょ》
⑤ 便利《べんり》な道具
⑥ 案内図《あんないず》
⑦ 説明《せつめい》
⑧ 順番《じゅんばん》
⑨ 最新《さいしん》情報
⑩ 辞書《じしょ》を使う
⑪ 英語《えいご》
⑫ 静《しず》か
⑬ 分類《ぶんるい》
⑭ 要望《ようぼう》に応える
⑮ 区別《くべつ》
⑯ 物の配置《はいち》
⑰ 図書館司書《ししょ》
⑱ 公共《こうきょう》の場所
⑲ 席《せき》にすわる
⑳ 児童書《じどうしょ》
㉑ 借《か》りる
㉒ 三さつ以内《いない》
㉓ 百科事典《ひゃっかじてん》
㉔ 極力《きょくりょく》
㉕ 卒業《そつぎょう》
㉖ 働《はたら》く
㉗ 今週末《しゅうまつ》
㉘ 行事に参加《さんか》する
㉙ 氏名《しめい》を書く
㉚ 豊かな自然《しぜん》
㉛ 目標《もくひょう》
㉜ 熱中《ねっちゅう》
㉝ お金の節約《せつやく》
㉞ 失敗《しっぱい》
㉟ 残念《ざんねん》
㊱ 反省《はんせい》点
㊲ 努力《どりょく》
㊳ 大切な仲間《なかま》
㊴ 続《つづ》ける
㊵ 必死《ひっし》に走る
㊶ 特訓《とっくん》
㊷ 結束《けっそく》力
㊸ 不安《ふあん》
㊹ 苦労《くろう》人
㊺ 信念《しんねん》を持つ
㊻ 夢と希望《きぼう》
㊼ 成功《せいこう》体験
㊽ 勇気《ゆうき》ある行動
㊾ 悪天候《あくてんこう》
㊿ 無事《ぶじ》をいのる
(51) 輪《わ》になる
(52) 旗《はた》をふる
(53) 笑《わら》う
(54) 生まれて初《はじ》めて
(55) 包《つつ》む
(56) 冷《つめ》たい
(57) 天気良好《りょうこう》
(58) 悲願《ひがん》達成

/58

67

68頁

漢字書き

漢字の広場 (3) (4)

名前

① 日本産業《さんぎょう》
② 漁業《ぎょぎょう》
③ 一単位《たんい》
④ 日本各《かく》地
⑤ 都道府《ふ》県
⑥ 方法《ほうほう》
⑦ 計量《けいりょう》カップ
⑧ 観察《かんさつ》日記
⑨ 水を加熱《かねつ》する
⑩ 栄養《えいよう》素
⑪ ご飯《はん》
⑫ 給《きゅう》食
⑬ 焼《や》き魚
⑭ 塩《えん》分
⑮ 健康《けんこう》体
⑯ 実験結果《けっか》
⑰ 変《へん》化
⑱ クラス合唱《しょう》
⑲ 学芸《げい》会
⑳ 楽器《き》
㉑ 号令《れい》
㉒ 記録《ろく》
㉓ 一周《いっしゅう》走る
㉔ 種《たね》をまく
㉕ 芽《め》が出る
㉖ 覚《おぼ》える
㉗ 底辺《ていへん》
㉘ 面積《せき》
㉙ 半径《けい》
㉚ 一兆《ちょう》二千億《おく》
㉛ 例題《だい》
㉜ 固《こ》定する
㉝ 試験管《しけんかん》を使う
㉞ 富《と》む
㉟ 宮城《みやぎ》県
㊱ 茨城《いばらき》県
㊲ 栃《とち》木県
㊳ 群《ぐん》馬県
㊴ 埼《さい》玉県
㊵ 神奈川《かながわ》県
㊶ 新潟《がた》県
㊷ 富山《とやま》県
㊸ 福井《い》県
㊹ 山梨《なし》県
㊺ 岐阜《ぎふ》県
㊻ 静岡《しずおか》県
㊼ 愛《あい》知県
㊽ 滋賀《しが》県
㊾ 京都府《ふ》
㊿ 大阪府《おおさかふ》
(51) 兵《ひょう》庫県
(52) 奈良《なら》県
(53) 岡《おか》山県
(54) 徳《とく》島県
(55) 香《か》川県
(56) 愛媛《えひめ》県
(57) 福岡《おか》県
(58) 佐賀《さが》県
(59) 長崎《さき》県
(60) 熊《くま》本県
(61) 宮崎《ざき》県
(62) 鹿児島《かごしま》県
(63) 沖縄《おきなわ》県

/63

68

69頁

漢字書き

漢字の広場 (5) (6)

名前

① 街灯《がいとう》をつける
② 目的《もくてき》
③ 牧場《ぼくじょう》
④ 野菜《やさい》
⑤ 浅《あさ》い
⑥ 建物《たてもの》
⑦ 道の両側《りょうがわ》
⑧ 清《せい》流
⑨ 学校付近《ふきん》
⑩ 古民家《みんか》
⑪ 博物館《はくぶつかん》
⑫ 交差点《こうさてん》
⑬ 木材《もくざい》
⑭ 会社の倉庫《そうこ》
⑮ 低《ひく》い
⑯ 右折《うせつ》
⑰ 徒歩《とほ》
⑱ 改札《かいさつ》機
⑲ 百貨店《ひゃっかてん》
⑳ 松林《まつばやし》
㉑ 印刷《いんさつ》
㉒ 衣料品《いりょうひん》店
㉓ 陸《りく》上競技《きょうぎ》場
㉔ 課題《かだい》図書
㉕ 副大臣《だいじん》
㉖ 求《もと》める
㉗ 公害《こうがい》病
㉘ 選挙《せんきょ》運動
㉙ 投票《とうひょう》日
㉚ 国会議員《ぎいん》
㉛ 過去と未来《みらい》
㉜ 豊かな自然《しぜん》
㉝ 関心《かんしん》をもつ
㉞ 巣箱《すばこ》
㉟ 軍手《ぐんて》
㊱ 飛行機《ひこうき》
㊲ 昨《さく》夜
㊳ 台風で欠便《けつびん》になる
㊴ 機械《きかい》を動かす
㊵ 城が完成《かんせい》する
㊶ 浴《あ》びる
㊷ 照明《しょうめい》器具
㊸ 赤ちゃんが泣《な》く
㊹ 病気を治《なお》す
㊺ 体の器官《きかん》
㊻ けんび鏡《きょう》
㊼ 夫《おっと》が協力《きょうりょく》する
㊽ 大阪城《じょう》
㊾ 鹿《しか》せんべい
㊿ 満開《まんかい》の桜
(51) 絶景《ぜっけい》
(52) 梅酒《うめしゅ》
(53) 老人《ろうじん》と孫《まご》
(54) 日光浴《にっこうよく》

/54

69

70頁

漢字読み

漢字 ① 読み

名前

線が引いてある漢字の読みを書きましょう。

① 想像（そうぞう）
② 経験（けいけん）
③ 心情（しんじょう）
④ 印象（いんしょう）
⑤ 絶対（ぜったい）
⑥ 厚い（あつ）
⑦ 賞状（しょうじょう）
⑧ 喜ぶ（よろこ）
⑨ 理解（りかい）
⑩ 内容（ないよう）
⑪ 技術（ぎじゅつ）
⑫ 適切（てきせつ）
⑬ 許可（きょか）
⑭ 複数（ふくすう）
⑮ 構図（こうず）
⑯ 桜の花びら（さくら）
⑰ 銅メダル（どう）
⑱ 破れる（やぶ）
⑲ 修復（しゅうふく）
⑳ 思いの外（ほか）
㉑ 眼科（がんか）
㉒ 停車（ていしゃ）
㉓ 直ちに（ただ）
㉔ 祖父母（そふぼ）
㉕ 赤飯（せきはん）
㉖ 準備（じゅんび）
㉗ 貿易（ぼうえき）
㉘ 国際（こくさい）
㉙ 愛犬（あいけん）
㉚ 清潔（せいけつ）
㉛ 質問（しつもん）
㉜ 報告（ほうこく）
㉝ 所属（しょぞく）
㉞ 確かめる（たし）
㉟ 意識（いしき）
㊱ 原因（げんいん）
㊲ 西部（せいぶ）
㊳ 丸太（まるた）
㊴ 造る（つく）
㊵ 似る（に）
㊶ 限る（かぎ）
㊷ 留学生（りゅうがくせい）
㊸ 表現（ひょうげん）
㊹ 直接（ちょくせつ）
㊺ 応じる（おう）
㊻ 大勢（おおぜい）
㊼ 氷河（ひょうが）
㊽ 歴史（れきし）
㊾ 新幹線（しんかんせん）
㊿ 招く（まね）

70

本書の解答は，あくまでもひとつの例です。児童に取り組ませる前に，必ず指導される方が問題を解いてください。指導される方の作られた解答をもとに，児童の多様な考えに寄り添って○つけをお願いします。

71頁　漢字 書き　漢字① 書き

① 想像する（気持ちを想像する）
② 経験（経験談）
③ 心情（登場人物の心情）
④ 印象（人の印象）
⑤ 絶対
⑥ 厚い（厚い本）
⑦ 賞状（賞状をもらう）
⑧ 喜ぶ
⑨ 理解（理解力）
⑩ 内容（話の内容）
⑪ 技術
⑫ 銅（銅メダル）
⑬ 許可（許可をとる）
⑭ 複数
⑮ 構図（絵の構図）
⑯ 桜（桜の花びら）
⑰ 適切
⑱ 破れる（紙が破れる）
⑲ 修復
⑳ 外（思いの外）
㉑ 眼科（眼科へ行く）
㉒ 停車する
㉓ 直に
㉔ 祖父母
㉕ 愛犬（愛犬と過ごす）
㉖ 赤飯（赤飯を食べる）
㉗ 貿易（貿易を行う）
㉘ 国際（国際的）
㉙ 所属する
㉚ 確かめる（確かめる）
㉛ 清潔（清潔な部屋）
㉜ 質問
㉝ 報告（報告書）
㉞ 準備
㉟ 西部（西部の国）
㊱ 丸太（丸太を運ぶ）
㊲ 造る（船を造る）
㊳ 似ている（姉と似ている）
㊴ 限る
㊵ 意識する
㊶ 原因（原因を調べる）
㊷ 大勢
㊸ 応じる
㊹ 直接
㊺ 表現（表現方法）
㊻ 留学生
㊼ 歴史（日本の歴史）
㊽ 氷河（氷河期）
㊾ 新幹線
㊿ 招く

名前

73頁　漢字 書き　漢字② 書き

① 俳句
② 日常
③ 順序
④ 古典（古典を学ぶ）
⑤ 武士（日本の武士）
⑥ 資料（会議の資料）
⑦ 調査（調査方法）
⑧ 性別（性別は男だ）
⑨ 総合的
⑩ 測る（長さを測る）
⑪ 計る（タイムを計る）
⑫ 往復
⑬ 公演（オペラの公演）
⑭ 週刊誌
⑮ 校舎
⑯ 製糸（製糸工場）
⑰ 牛肉
⑱ 謝罪する
⑲ 暴風（暴風注意報）
⑳ 防風林
㉑ 鉱石（鉱石を発見する）
㉒ 航海する
㉓ 夢中になる
㉔ 功績（功績を残す）
㉕ 志（高い志）
㉖ 男性（男性と女性）
㉗ 断言
㉘ 境界線
㉙ 角（角を曲がる）
㉚ 短編集
㉛ 危険（危険な場所）
㉜ 事態
㉝ 逆方向
㉞ 裁判（裁判を行う）
㉟ 左右
㊱ 政治（政治を行う）
㊲ 圧力
㊳ 説得力
㊴ 比べる
㊵ 主張（山田さんの主張）
㊶ 個人（個人の自由）
㊷ 支える
㊸ 示す
㊹ 所在地（県庁所在地）
㊺ 独り言
㊻ 弁当箱
㊼ 興味（興味がある）
⑮ 迷う

名前

72頁　漢字 読み　漢字② 読み

① はいく（俳句）
② にちじょう（日常）
③ じゅんじょ（順序）
④ こてん（古典）
⑤ ぶし（武士）
⑥ しりょう（資料）
⑦ ちょうさ（調査）
⑧ せいべつ（性別）
⑨ ひじょうぐち（非常口）
⑩ そうごうてき（総合的）
⑪ こうえん（公演）
⑫ しゅうかんし（週刊誌）
⑬ はか（測る）
⑭ はか（計る）
⑮ おうふく（往復）
⑯ せいし（製糸）
⑰ ぎゅうにく（牛肉）
⑱ しゃざい（謝罪）
⑲ こうしゃ（校舎）
⑳ こころざし（志）
㉑ ぼうふう（暴風）
㉒ ぼうふうりん（防風林）
㉓ ひりょう（肥料）
㉔ せいし（製糸）
㉕ だんせい（男性）
㉖ たんぺんしゅう（短編集）
㉗ かど（角を曲がる）
㉘ さゆう（左右）
㉙ きけん（危険）
㉚ じたい（事態）
㉛ あつりょく（圧力）
㉜ せいじ（政治）
㉝ こじん（個人）
㉞ ひとりごと（独り言）
㉟ べんとうばこ（弁当箱）
㊱ きこうぶん（紀行文）
㊲ こうかい（航海）
㊳ きょうほうこう（逆方向）
㊴ だんげん（断言）
㊵ きょうかいせん（境界線）
㊶ むちゅう（夢中）
㊷ こうせき（功績）
㊸ こうせき（鉱石）
㊹ せつどくりょく（説得力）
㊺ さいばん（裁判）
㊻ くら（比べる）
㊼ しゅちょう（主張）
㊽ しょざいち（所在地）
㊾ しめ（示す）
㊿ まよ（迷う）
ささ（支える）
きょうみ（興味）

名前

74頁　漢字 読み　漢字③ 読み

線が引いてある漢字の読みを書きましょう。

① けんさく（検索）
② まじめ（真面目）
③ ほとけ（仏様）
④ じょうけん（条件）
⑤ さいしゅう（採集）
⑥ たも（保つ）
⑦ つま（弟の妻）
⑧ こ・あ（混み合う）
⑨ かのうせい（可能性）
⑩ しんりん（森林）
⑪ げんしょう（減少）
⑫ ぞうか（増加）
⑬ しょうにん（証人）
⑭ とうけいしりょう（統計資料）
⑮ きょうじゅ（教授）
⑯ さんみゃく（山脈）
⑰ ちょきん（貯金）
⑱ そしき（組織）
⑲ けんちく（建築）
⑳ しんがた（新型）
㉑ じこ（事故）
㉒ ていきょう（提供）
㉓ よ（寄る）
㉔ あま（余り）
㉕ よ（寄る）
㉖ か（貸す）
㉗ こうか（効果）
㉘ ひょうか（評価）
㉙ こんざつ（混雑）
㉚ きんし（禁止）
㉛ しょうりゃく（省略）
㉜ さんせい（賛成）
㉝ ほご（保護）
㉞ ほ（豊か）
㉟ ゆた（豊か）
㊱ ぶんぷ（分布）
㊲ ふたた（再び）
㊳ せきにん（責任）
㊴ にさんかたんそ（二酸化炭素）
㊵ せってい（設定）
㊶ ぶんかざい（文化財）
㊷ はかせ（博士）
㊸ けんちく（建築）
㊹ きゅうどう（旧道）
㊺ しんしん（新型）
㊻ けつえき（血液）
㊼ ほんみょう（本名）
㊽ きそく（規則）
㊾ きほん（基本）
きょうじゅ（教授）
がく（多大な額）

名前

本書の解答は，あくまでもひとつの例です。児童に取り組ませる前に，必ず指導される方が問題を解いてください。指導される方の作られた解答をもとに，児童の多様な考えに寄り添って○つけをお願いします。

75頁

漢字書き　漢字③　書き

名前

● 漢字を書きましょう。

① ネット検索《けんさく》
② 提供《ていきょう》する
③ お店に寄《よ》る
④ 余《あま》り
⑤ 真面目《まじめ》
⑥ 仏《ほとけ》様
⑦ 本を貸《か》す
⑧ 効果《こうか》的
⑨ 条件《じょうけん》を満たす
⑩ 清潔に保《たも》つ
⑪ 評価《ひょうか》が高い
⑫ 意見に賛成《さんせい》する
⑬ 弟の妻《つま》
⑭ 車内が混《こ》み合《あ》う
⑮ 混雑《こんざつ》
⑯ 省略《しょうりゃく》する
⑰ こん虫採集《さいしゅう》
⑱ さしみは生物《なまもの》だ
⑲ 飲食禁止《きんし》
⑳ 五才の少女《しょうじょ》
㉑ 可能性《かのうせい》
㉒ 結果よりも過程《かてい》が大切だ
㉓ 豊《ゆた》か
㉔ 分布《ぶんぷ》図
㉕ 森林《しんりん》を守る
㉖ 人口減少《げんしょう》
㉗ 保護《ほご》犬
㉘ 再《ふたた》び
㉙ 人口増加《ぞうか》
㉚ 保証人《しょうにん》
㉛ 責任《せきにん》
㉜ 統計資料《とうけいしりょう》
㉝ 二酸化炭素《にさんかたんそ》
㉞ 設定《せってい》
㉟ 大学教授《きょうじゅ》
㊱ 旅の紀行文《きこうぶん》
㊲ 博士《はかせ》
㊳ 文化財《ぶんかざい》
㊴ 山脈《さんみゃく》
㊵ 大きな組織《そしき》
㊶ 建築《けんちく》
㊷ 旧道《きゅうどう》を通る
㊸ 規則《きそく》を守る
㊹ 貯金《ちょきん》
㊺ 新型《しんがた》ウイルス
㊻ 血液《けつえき》
㊼ 基本《きほん》
㊽ 多大な額《がく》
㊾ 交通事故《じこ》
㊿ 本名《ほんみょう》

76頁

漢字読み　漢字④　読み

名前

● ――線が引いてある漢字の読みを書きましょう。

① 夫婦（ふうふ）
② 救う（すく）
③ 本格的（ほんかくてき）
④ 就職（しゅうしょく）
⑤ 移動（いどう）
⑥ 祖父の墓（はか）
⑦ 正義（せいぎ）
⑧ 殺し合い（ころ）（あ）
⑨ 貧しい（まず）
⑩ 出版社（しゅっぱんしゃ）
⑪ 後に（のち）
⑫ 述べる（の）
⑬ 仮に（かり）
⑭ 飼育（しいく）
⑮ 綿毛（わたげ）
⑯ 居間（いま）
⑰ 永久（えいきゅう）
⑱ 消毒（しょうどく）
⑲ 営業（えいぎょう）
⑳ 防犯（ぼうはん）
㉑ 講師（こうし）
㉒ 精力的（せいりょくてき）
㉓ 清水（しみず）
㉔ 川原（かわら）
㉕ 八百屋（やおや）
㉖ 果物（くだもの）
㉗ 迷子（まいご）
㉘ 眼鏡（めがね）
㉙ 下手（へた）
㉚ 習慣（しゅうかん）
㉛ 周囲（しゅうい）
㉜ 不利益（ふりえき）
㉝ 災害（さいがい）
㉞ 魚市場（うおいちば）
㉟ 正夢（まさゆめ）
㊱ 枝分かれ（えだわ）
㊲ 歩み寄る（あゆ）（よ）
㊳ 消費税（しょうひぜい）
㊴ 新制度（しんせいど）
㊵ 人工衛星（じんこうえいせい）
㊶ 農耕地帯（のうこうちたい）
㊷ 損害保険（そんがいほけん）
㊸ 雪合戦（ゆきがっせん）
㊹ 粉ミルク（こな）
㊺ 平均（へいきん）
㊻ 輸入（ゆにゅう）
㊼ 少年団（しょうねんだん）
㊽ 事務（じむ）
㊾ 船旅（ふなたび）
㊿ 角笛（つのぶえ）
51 愉快（ゆかい）
52 燃える（も）
53 率いる（ひき）
54 頭領（とうりょう）
55 指導（しどう）
56 堂々とした（どうどう）

77頁

漢字書き　漢字④　書き

名前

● 漢字を書きましょう。

① 夫婦《ふうふ》
② 子犬を救《すく》う
③ 本格的《ほんかくてき》
④ 会社に就職《しゅうしょく》する
⑤ 場所を移動《いどう》する
⑥ 祖父の墓《はか》
⑦ 正義《せいぎ》の味方
⑧ 殺《ころ》し合《あ》い
⑨ 貧《まず》しい
⑩ 出版社《しゅっぱんしゃ》
⑪ 後《のち》に
⑫ 意見を述《の》べる
⑬ 仮《かり》に名前をつける
⑭ 飼育《しいく》
⑮ 綿毛《わたげ》
⑯ 居間《いま》でくつろぐ
⑰ 永久《えいきゅう》の別れ
⑱ 消毒《しょうどく》スプレー
⑲ 営業《えいぎょう》
⑳ 防犯《ぼうはん》グッズ
㉑ 講師《こうし》の先生
㉒ 精力的《せいりょくてき》な活動
㉓ 清水《しみず》
㉔ 川原《かわら》の石
㉕ 八百屋《やおや》
㉖ 果物《くだもの》
㉗ 迷子《まいご》
㉘ 眼鏡《めがね》
㉙ 下手《へた》な絵
㉚ 勉強の習慣《しゅうかん》
㉛ 周囲《しゅうい》を見わたす
㉜ 不利益《ふりえき》
㉝ 災害《さいがい》
㉞ 魚市場《うおいちば》
㉟ 正夢《まさゆめ》
㊱ 枝分《えだわ》かれ
㊲ 歩《あゆ》み寄《よ》る
㊳ 消費税《しょうひぜい》
㊴ 新制度《しんせいど》
㊵ 人工衛星《じんこうえいせい》
㊶ 農耕地帯《のうこうちたい》
㊷ 損害保険《そんがいほけん》
㊸ 雪合戦《ゆきがっせん》
㊹ 粉《こな》ミルク
㊺ 平均《へいきん》
㊻ 輸入《ゆにゅう》
㊼ 少年団《しょうねんだん》
㊽ 事務《じむ》仕事
㊾ 船旅《ふなたび》
㊿ 角笛《つのぶえ》
51 愉快《ゆかい》
52 勝負に燃《も》える
53 率《ひき》いる
54 サルの頭領《とうりょう》
55 厳しい指導《しどう》
56 堂々《どうどう》とした

改訂版 教科書にそって学べる

国語教科書プリント　5年　光村図書版

2024年3月15日　第1刷発行

企画・編著：原田 善造　他10名
イラスト：山口 亜耶　他
装　　丁：寺嵜　徹　デザイン制作事務所
装丁イラスト：山口 亜耶　鹿川 美佳

発行者：岸本 なおこ
発行所：喜楽研（わかる喜び学ぶ楽しさを創造する教育研究所）
〒604-0854 京都市中京区二条通東洞院西入仁王門町２６番地1
TEL：075-213-7701　FAX：075-213-7706
印刷：株式会社 米谷

ISBN：978-4-86277-485-9

喜楽研WEBサイト
書籍の最新情報（正誤表含む）は喜楽研WEBサイトをご覧下さい。